AF237648

Utopie der Aufhebung

Ein Gesichtspunkt für Kierkegaards Wirksamkeit als
Schriftsteller mit Rücksicht auf *Entweder / Oder*

Carsten Kottmann

Impressum

Bibliografische Information der Deutschen Nationalbibliothek:

Die Deutsche Nationalbibliothek verzeichnet diese Publikation in der Deutschen Nationalbibli-ografie; detaillierte bibliografische Daten sind im Internet über http://dnb.dnb.de abrufbar.

Titelbild: Søren Kierkegaard, 1838, gezeichnet von seinem Cousin Niels Christian Kierkegaard (Det Kongelige Bibliotek, Kopenhagen).

© 2021 Carsten Kottmann, Hildrizhausen.

Herstellung und Verlag: BoD – Books on Demand, Norderstedt

ISBN: 978-3-7543-3405-8

Wozu die Menschen da sind, wozu „der Mensch" da ist, soll uns gar nicht kümmern: aber wozu Du da bist, das frage dich: und wenn Du es nicht erfahren kannst, nun so stecke Dir selber Ziele, hohe und edle Ziele und gehe an ihnen zu Grunde! Ich weiss keinen besseren Lebenszweck als am Großen und Unmöglichen zu Grunde zu gehen: animae magnae prodigus.

Friedrich Nietzsche

Der Übergang des Seins zum Grunde besteht also darin, daß das Sein in seinen Grund geht oder zugrunde geht, es geht nämlich zugrunde, weil es aufgehoben wird.

Johan Ludvig Heiberg

Non tento, Domine, penetrare altitudinem tuam, quia nullatenus comparo illi intellectum meum; sed desidero aliquatenus intellegere veritatem tuam, quam credit et amat cor meum. Neque enim quaero intellegere ut credam, sed credo ut intelligam. Nam et hoc credo: quia nisi credidero, non intelligam.

Anselm von Canterbury

Inhalt

I.
Vorwort

Was ist die Welt? Wer bin ich? Und in welchem Verhältnis stehe ich zur Welt? Diese drei Fragen, wahrscheinlich die philosophischsten Fragen schlechthin, werden seit dreitausend Jahren immer wieder gestellt - und verloren während dieser Zeit in keiner Weise etwas von ihrer Gültigkeit und Aktualität. Hat die Welt, wenn es sie gibt, ein System, das sie zusammenhält, eine Ordnung, die sie ordnet? Und warum scheint diese Ordnung in meinen Augen immer wieder durch Unordnung und Chaos durchbrochen? Ist das, was ich sehe, fühle, taste, schmecke, rieche, denke, kurz: wahrnehme (oder: wahr nehme) die Wahrheit? Ist die Welt die Wahrheit? Ist mein Leben wahr?

Es wird gefragt in der Philosophie. Dass auch geantwortet wird, ist klar – wenn auch in den verschiedenartigsten Anläufen. Der Däne Søren Kierkegaard antwortet auf ganz besondere Weise, nämlich: indem er fragt, indem er Antworten provoziert und nicht produziert, indem er Urteile weckt und nicht entdeckt. Wie keinem Zweiten gelingt es Kierkegaard, die dialektischen Strukturen, die sein Denken und sein Sein ausmachen, auch im Werk widerzuspiegeln. Doch erschwert das natürlich den oberflächlichen Zugang zu seinem Werk, zu seiner Wirksamkeit: Eine Antwort auf die Fragen, die er stellt, findet sich nicht im Text, sondern vielmehr zwischen dem Text. Der Leser Kierkegaards, der die Antwort auf Kierkegaards Fragen, die auch des Lesers Fragen sind, finden will, liest, fragt und antwortet – so er dies tut – als Existenz, als Mensch. Für Kierkegaard ist die einzig mögliche Antwort, die Auflösung seiner Fragestellungen und die Aufhebung seiner dialektischen Strukturen nur in einem gegeben: im Leben.

Somit scheitert diese Arbeit klar an dem Anspruch, Fragen Kierkegaards beantworten zu können, geschweige denn Antworten Kierkegaards herausarbeiten zu können. Doch die Indizien, die er in seinem Werk verstreut, die auf eine christliche und ewige Richtung hinauslaufen, sind spannend zu verfolgen – und diese Arbeit will ihren Teil dazu beitragen, einigen wenigen dieser Indizien nachzuspüren, die in *Entweder / Oder*, in diesem „Feuerwerk[.] von Gedanken und Gattungen, vom Aphorismus bis zum weit ausholenden Lehrbrief"[1] im Hinblick auf die Schrift *Der Gesichtspunkt für meine Wirksamkeit als Schriftsteller* gelegt

---

[1] Deuser/Kleinert, S. 1. – Zu Entweder – Oder vgl. grundsätzlich Søren Kierkegaard, Entweder – Oder.

werden. Den Urteilsspruch, der diesem Indizienprozess (lies: dem Leben eines jeden Einzelnen) folgt, muss jeder Einzelne innerhalb der Masse, als Existenz und als Mensch, selbst finden. Denn es geht in Kierkegaards Wirksamkeit und auch in der Welt nicht um die Seligkeit und die Erlösung an und für sich – sondern nur um die Seligkeit und die Erlösung von mir.

Diese Arbeit entstand vor vielen Jahren am Philosophischen Seminar der Universität Tübingen. Ich halte sie weiterhin für aktuell, ebenso wie Kierkegaard weiterhin für faszinierend. Ich hoffe, es geht nicht nur mir so.

Hildrizhausen, 4. Oktober 2021

Carsten Kottmann

II.

Kierkegaards Gesichtspunkt
für seine Wirksamkeit
als Schriftsteller

1. Allgemeines

Die Schrift *Synspunktet for min Forfatter-Virksomhed. En Ligefrem Middelelse, Rapport Til Historien* (dt. *Der Gesichtspunkt für meine Wirksamkeit als Schriftsteller. Eine unmittelbare Mitteilung, Meldung an die Geschichte*) wurde 1858 postum von Kierkegaards Bruder, Peter Christian Kierkegaard, veröffentlicht und „balanciert zwischen Autobiographie und literarischem Testament, ist jedoch recht gesehen nichts von beidem, denn, was das Genre angeht, ändert sie sich wie das Chamäleon die Farben wechselt".[2] Geschrieben hatte sie Søren Kierkegaard im Spätsommer 1848 – in einer für Kierkegaard unruhigen Zeit, wie Tagebuchaufzeichnungen im Kontext zur Entstehung der Schrift illustrieren.[3] So schreibt er im August 1848: *Meine Gesundheit ist sehr schwach, und der Gedanke hat, über mich, viel Macht gewonnen, daß ich jetzt sterben soll.*[4] Es scheint so, als ob er meinte, noch einmal darstellen zu müssen, was die bis dato vorliegende eigene Schriftstellerei zu bedeuten habe, was die Motivation dafür sei und gewesen wäre. So bezeichnet er die Schrift auch als eine *Beichte eines Sterbenden*.[5] Kierkegaard hatte das Bedürfnis, so scheint es, seinem Werk einen *Kommentar* hinterher zu geben, da der tiefere Sinn im damaligen Kopenhagen anscheinend nicht verstanden wurde. Dementsprechend erleichtert war er, als er die Schrift fertiggestellt hatte: *Mein Herz weitet sich, nicht als hätte es jemals enge geschlagen in meiner Brust; aber die Innerlichkeit, die mein Leben gewesen, und von der ich geglaubt sie müßte mein Tod geworden sein, hat Luft bekommen, das Band des Dialektischen ist gelöst, ich darf unmittelbar reden.*[6] Doch wollte er die Schrift nicht herausgeben: *Es liegt ganz in meinem Wesen das Beste in Innerlichkeit verborgen zu halten.*[7] Doch dazu später mehr.

Auch macht Kierkegaard im Gesichtspunkt nicht den Versuch, sein Werk zu rechtfertigen – denn das hieße ja, ein geschriebenes Werk, einer

---

[2] Garff, S. 626.
[3] Vgl. Fauteck, S. 364f.
[4] Schriften, S. 158 (SKS 21, 47). Vgl. Cappelørn, S. 33-37.
[5] Schriften, S. 166 (SKS 21, 277).
[6] Schriften, S. 163 (SKS 21, 96f.).
[7] Schriften, S. 166 (SKS 21, 277).

Arbeit, an die *denn kein Leichtmatrose dialektisch Hand* anlegen möge, *sondern sie stehenlassen, wie sie nun dasteht*[8] einen Kompromiss der Verständigung und der Verständlichkeit unterzuschieben – das hieße, dem Werk einen scheinbar problematischen und vielleicht verbergenden Charakter zu attestieren. Doch:

> *Was ich hier schreibe dient zur Unterrichtung und zur Kundmachung, es ist nicht eine Verteidigung oder eine Apologie. Wahrlich, wenn auch sonst in nichts, an diesem Punkte glaube ich etwas mit Sokrates gemeinsam zu haben* [dass Kierkegaard nicht nur an diesem Punkt etwas mit Sokrates gemeinsam hat, wird noch zu sehen sein, C.K.]. *Denn so wie sein Dämon, da er seinetwegen angeklagt war und von der ,Menge' verurteilt werden sollte, er, der sich bewußt war eine göttliche Gabe zu sein, ihm verwehrte sich zu v e r t e i d i g e n – welche Verletzung des Anstands und welcher Selbstwiderspruch wäre es auch nicht gewesen! –: so ist auch in mir und in dem Dialektischen, das meinem Verhältnis eigen ist, etwas, das es mir unmöglich macht und es an sich unmöglich macht eine ,Verteidigung' für meine Wirksamkeit als Schriftsteller zu führen. [...] Demütig vor Gott, auch vor Menschen weiß ich wohl, was ich p e r s ö n l i c h verwirkt haben mag, aber ich weiß auch mit Gott, daß eben meine Wirksamkeit als Schriftsteller gewesen ist der Antrieb eines unwiderstehlichen inneren Dranges, die einzige Möglichkeit eines Schwermütigen, der redliche Versuch eines tief Gedemütigten, eines Büßers, mit jedweder Aufopferung und Anstrengung in der Wahrheit Dienst, wo möglich, doch wieder etwas Gutes zu tun zur Entgeltung. Und ich weiß daher mit Gott, vor dessen Augen dies Vorhaben Gnade gefunden hat und findet, so wie es sich seines Beistandes erfreut, daß ich in Beziehung auf mein schriftstellerisches Werk nicht der bin, der sich vor den Mitlebenden verteidigen soll; denn bin ich in der Hinsicht etwas, so bin ich nicht der Schuldige, auch nicht der Anwalt, sondern der Kläger.*[9]

Hier werden schon die Grundmuster für den Gesichtspunkt und auch für Kierkegaards gesamte Wirksamkeit gelegt - in Gottes Dienst die Wahrheit, also den christlichen Glauben zu bezeugen, dies darzustellen in ihrem dialektischen Charakter, darauf hinzuweisen, dass es diese Wahrheit und diesen Glauben gibt. Und somit wird auch klar, in welcher Weise eine Verteidigung seines Werkes eine *Verletzung des Anstands* und ein *Selbstwiderspruch* wäre: Die Wahrheit, deren Dreh- und Angelpunkt in Gott begründet ist, lässt sich nicht verteidigen, da sie ja unendlich und absolut gilt. Eine Verteidigung wäre der Versuch, Gott menschlichen Kompromiss- und Endlichkeitsbedürfnissen anzupassen

---

[8] UN II, S. 344 (SKS 7, 573).
[9] GP, S. 22f. (SKS 16, 12f.).

– und somit würde Gott zum Objekt der Begierde, der Mensch hingegen zum Subjekt aller Perspektiven mutieren.

2. Vorbedingungen

Der Aufbau der Schrift ist recht simpel und dennoch verschachtelt: Nach einer Einleitung folgen zwei große Abschnitte, wovon der erste einige Prämissen setzt und Voraussetzungen klärt, der zweite dann ausgehend von diesen Vorbedingungen Stellung zur Wirksamkeit Kierkegaards nimmt – und zwar im Hinblick auf sein bis dato vorliegendes Werk, die persönliche Existenz und die Weltlenkung (Kapitel I-III). Am Ende der Schrift steht der Epilog und der Schluss.[10]

Kierkegaard konstruiert sein Werk als das Nebeneinander, als eine Zwiefältigkeit von ästhetischen Schriften und religiösen Schriften. Die ästhetischen Schriften haben das Publikum als Zielgruppe, die Masse: also die, die sich auch sonst für ästhetischen Darbietungen begeistern lassen. Die religiösen Schriften hingegen haben eine andere Zielgruppe: *jener Einzelne, den ich mit Freude und Dankbarkeit meinem Leser nenne.*[11] Dabei sind die ästhetischen immer unter Pseudonym erschienen, die religiösen unter dem Namen Søren Kierkegaard. Von Beginn an erschienen die Schriften beiden Typs parallel.

Im Folgenden kann die Chronologie der erschienen Schriften ersehen werden:

---

[10] Vgl. Mackey, S. 170.
[11] 2ER, S. 381 (SKS 5, 13).

Ästhetische Schriftstellerei:[12]

Ästhetische Schriften:	Religiöse Schrifte:
• *Entweder / Oder*, von Victor Eremita (1843) • *Die Wiederholung*, von Constantin Constantius (1843) • *Furcht und Zittern*, von Johannes de silentio (1843) • *Philosophische Brocken oder Ein Bröckchen Philosophie*, von Johannes Climacus (1844) • *Der Begriff Angst*, von Vigilius Haufniensis (1844) • *Stadien auf des Lebens Weg*, von Hilarius Buchbinder (1845)	• *18 erbauliche Reden* (1843-45), von Søren Kierkegard

• *Abschließende unwissenschaftliche Nachschrift zu den Philosophischen Brocken*, von Johannes Climacus (1846)

danach: Religiöse Schriftstellerei:

Ästhetische Schriften:	Religiöse Schriften:
• *Die Krise oder eine Krise im Leben einer Schauspielerin*, von Inter et Inter (1848)	• *Der Liebe Tun* (1847), von Søren Kierkegard • *Christliche Reden* (1848), von Søren Kierkegard

Bis zur Herausgabe der *Abschließenden unwissenschaftlichen Nachschrift zu den Philosophischen Brocken* bezeichnet Kierkegaard sein Werk als ästhetische Schriftstellerei.

> *Die erste Folge von Schriften ist ästhetische Schriftstellerei; die letzte Folge von Schriften ist ausschließend religiöse Schriftstellerei: zwischen beiden liegt als der Wendepunkt die ,Abschließende unwissenschaftliche Nachschrift'. Dies Werk bearbeitet und*

---

[12] Ohne die Dissertation *Über den Begriff der Ironie mit ständiger Rücksicht auf Sokrates* (1841), die Kierkegaard nicht in die maßgebliche Schriftstellerei einreiht.

stellt das ‚Fragmal', das Fragmal der gesamten
schriftstellerischen Wirksamkeit: Christ werden, und nimmt so
wieder die pseudonyme Schriftstellerei samt den mit dieser
verschlungenen achtzehn erbaulichen Reden in sein Bewußtsein
auf, zeigt, wie dies alles dazu diene, das Fragmal zu beleuchten
[...].[13]

Die Schriften nach der *Abschließenden unwissenschaftlichen Nachschrift*
sind für ihn die Phase der religiösen Schriftstellerei, die jedoch das gleiche Ziel hat wie die ästhetische: Christ werden.

Trotz der Zwiefaltigkeit von ästhetischer und religiöser Schriftstellerei bezeichnet Kierkegaard sich selbst als *religiösen Schriftsteller,* dessen
gesamte Wirksamkeit als Schriftsteller in einem Verhältnis zum Christentum
steht.[14] Er ist sich bewusst, dass in der Zwiefältigkeit seines Werks der
Standpunkt, er sei religiöser Schriftsteller, schwierig ist: Er kann eine
einleuchtende und direkte Versicherung nicht geben. Allerdings gibt es
für ihn *eine unmittelbare Versicherung, daß der Verfasser* [aller ästhetischen
und religiösen Schriften, C.K.] *religiöser Schriftsteller gewesen ist und ist.*[15]
Diese ergibt sich aus dem Werk in seiner Gesamtheit: Dieses Werk und
Kierkegaard als sein Autor stehen *in einem Verhältnis zum Christentum*
[...], zu dem Fragmal: Christ werden, mit mittelbarer und unmittelbarer pole-
mischer Sicht auf den ungeheuerlichen Sinnentrug: die Christenheit oder daß
in einem Land so alle soso Christen sind.[16] Doch ergibt sich Kierkegaards
Stellung im Werk als religiöser Schriftsteller und als einen auf das Christentum Hinweisenden erst in der Dialektik von Ästhetischem und Reli-
giösem.

3. Das Werk

Das Christentum, dem Kierkegaard das *Fragmal: Christ werden* stellen will, ist seiner Meinung nach in einem Sinnentrug befangen:

---

[13] GP, S. 27 (SKS 16, 17).
[14] GP, S. 21 (SKS 16, 11).
[15] GP, S. 30f. (SKS 16, 20).
[16] GP, S. 21 (SKS 16, 11f.).

Jedermann, welcher mit Ernst und dazu mit etlicher Fähigkeit zu sehen, sich das was man so Christenheit nennt, betrachtet, oder auch den Zustand in einem sogenannten christlichen Lande, muß doch unzweifelhaft alsbald recht bedenklich werden. Was mag es doch besagen, daß alle diese Tausende und aber Tausende sich Christen nennen! Diese vielen vielen Menschen, deren weit weit überwiegende Mehrzahl gemäß allem was man vermuten kann, ihr Leben in ganz andern Kategorien haben, etwas, dessen man sich mit der simpelsten Beobachtung vergewissern kann! Menschen, die vielleicht nicht ein einziges Mal zur Kirche gehen, niemals an Gott denken, niemals seinen Namen nennen außer wenn sie fluchen! Menschen, denen es niemals aufgegangen ist, daß ihr Leben irgendeine Verpflichtung Gott gegenüber haben möchte, Menschen, welche entweder auf eine gewisse bürgerliche Unsträflichkeit als das Höchste halten oder gar auch diese nicht so durchaus nötig befinden! Jedoch alle diese Menschen, sogar die welche behaupten, es gebe keinen Gott, sie sind allesamt Christen, nennen sich Christen, werden als Christen anerkannt vom Staate, als Christen begraben von der Kirche, als Christen verabschiedet in die Ewigkeit! [17]

Für Kierkegaard ist es an der Zeit, daran etwas zu ändern; diesen Sinnentrug, diese Selbsttäuschung zu reformieren. Denn: In der Menge der Menschen wird nicht über das nachgedacht, was sie, die Menge und darin jeder einzelne ist: Wort und Tat widersprechen sich. Die Menge rühmt sich, aus Christen zu bestehen – doch faktisch sind sie Heiden, also Gottlose, die der Illusion aufsitzen, sie wären Christen. Hier liegt der aufklärerische Ansatz Kierkegaards, zu zeigen, dass das Innere und das Äußere nicht identisch sein muss und in der Regel auch nicht ist. Er will das Innere nach außen kehren, zum Vorschein bringen, und den Menschen dazu machen, wozu er nach Kierkegaards Meinung bestimmt ist: zum Christen.

Doch wie ist diese Illusion, der die sogenannte Christenheit charakterisiert, als Illusion zu entlarven?

Angenommen denn, ein religiöser Schriftsteller sei recht von Grund aus aufmerksam geworden auf diesen Sinnentrug: die Christenheit, und wolle, soweit seine Kräfte, wohl zu merken mit Gottes Hilfe, reichen, ihm zuleibe: was hat er dann zu tun? Ja, zuallererst keine Ungeduld. Wird er ungeduldig, so stürmt er geradewegs darauf los, und richtet – nichts aus. Mit unmittelbarem Angriff bestärkt man einen Menschen im Sinnentrug, und zugleich erbittert man ihn. Es gibt überhaupt nichts, was eine so behutsame Behandlung erheischt wie ein Sinnentrug, wenn er behoben werden soll. Veranlaßt man auf irgendeine Weise den Verstrickten seinen Willen dagegen zu setzen, so ist alles verloren. Und das tut man mit unmittelbarem Angriff der überdies das An-

---

[17] GP, S. 34f. (SKS 16, 23f.).

maßliche enthält, von einem andern Menschen zu verlangen, er solle einem eingestehen oder einem gegenüber das Eingeständnis machen, das eigentlich am dienlichsten ist, wenn der Betreffende es sich selber macht in der Stille. Dies wird erreicht durch das mittelbare Verfahren, das im Dienste der Wahrheitsliebe für den Verstrickten alles dialektisch zurechtrückt, und alsdann, schamhaft, wie die Liebe immer ist, sich dem entzieht. Zeuge bei dem Eingeständnis zu sein, welches er nun in der Einsamkeit vor Gott sich selber macht, daß er doch in einer Einbildung gelebt habe.[18]

Um dorthin zu kommen, ist Kierkegaard der Ansicht, *daß man, wenn es einem in Wahrheit gelingen soll, einen Menschen an einen bestimmten Ort zu führen, vor allen Dingen darauf achten muß, ihn zu finden, wo er ist und allda zu beginnen hat.*[19] – man muss also den Menschen an der Stelle begegnen wollen, an der dieser sich befindet; und nach Kierkegaards Meinung befindet sich die Christenheit *in ästhetischen oder zuhöchst in ästhetisch-ethischen Kategorien.*[20] Kierkegaard will den vermeintlich Christ seienden Menschen zum Christ werden führen, vielmehr ihm das *Fragmal: Christ werden* aufzeigen – und somit hat er das eindeutig missionarische Programm, in der Christenheit das Christentum einführen zu wollen. Damit ihm das gelingt, muss er den Menschen an seinem Standpunkt ansprechen: ästhetisch oder ethisch, und zwar mit den ästhetischen Schriften; er muss sich also selbst verstellen, um den Menschen zu dem zu führen, was er ist bzw. sein kann. Hier liegt der Unterschied zur Heidenmission von Paulus: „Paganism is immediacy. To introduce Christianity into paganism the apostles could use a direct and postive mode of communication. But Christianity is a product of reflection and Christendom a perversion. To introduce Christianity into Christendom one must be indirect and negative ."[21] Diese Verstellung, die Negation seiner Selbst ist für Kierkegaard ein Akt der Demut: eine Demut, die nötig ist, um zu helfen, um dem Menschen diese Chance des Seinkönnens aufzeigen zu können.[22]

Mit dem Sinnentrug, man sei Christ, geht für Kierkegaard folgendes einher:

Angenommen, die Christenheit sei ein ungeheuerlicher Sinnentrug, es sei eine Einbildung mit den vielen, die sich Christen nennen: so ist alle Wahrscheinlichkeit dafür, daß der Sinnentrug, von dem wir hier sprechen, recht allgemein ist. Aber dieser Sinnentrug wird wiederum eben noch ärger durch die Einbildung, man sei ein Christ. Man

---

[18] GP, S. 37 (SKS 16, 25f.).
[19] GP, S. 38 (SKS 16, 27).
[20] GP, S. 37 (SKS 16, 25).
[21] Mackey, S. 171.
[22] Vgl. GP, S. 39 (SKS 16, 27).

lebt das Leben dahin in ästhetischen Bestimmungen; und kommt dann einmal der Gedanke an das Christentum an einen heran, so weist man die Sache ab bis man älter werde, und man beruhigt sich durchaus – denn, sagt man zu sich selber, im Grunde bin ich ja Christ. Es läßt sich somit gewiß nicht leugnen, daß in der Christenheit solche sind, die ebenso sinnlich leben als je irgendein Heide, ja noch sinnlicher, weil sie diese unglückselige Sicherheit haben, daß sie im Grunde Christen seien. Aber die Entscheidung Christ zu werden, schiebt man so lange als möglich von sich fort, ja man hat eine Abhaltung mehr bekommen; denn man setzt seine Ehre darein, so lange als möglich jung zu sein – und erst wenn man alt wird, nimmt man seine Zuflucht zu Christentum und Religiosität; und man möchte so ungern eingestehen, daß man alt wird – aber erst wenn man alt wird, nimmt man seine Zuflucht zu Christentum und Religiosität.

Wofern man also beständig jung bleiben könnte, würde man Christentum oder Religiosität überhaupt nicht brauchen.[23]

Das ist in Kierkegaards Augen ein Irrtum: Christentum hat nichts mit dem Alter zu tun, hat nichts mit Zeitlichkeit zu tun – es ist ewig. Man muss eine Entscheidung treffen, die in der Illusion nicht getroffen wird: Ich bin ja Christ. Somit müssen parallel neben den ästhetischen Schriften die religiösen herlaufen – so, dass man immer, zu jedem Zeitpunkt, sich der Entscheidung aussetzen kann. Aus diesem Grund konzipiert Kierkegaard sein Werk als ein Nebeneinander, als die Zwiefältigkeit von ästhetischer und religiöser Schriftstellerei. Nur so kann er die Gleichzeitigkeit beider Einzelaspekte verdeutlichen.

Will denn ein religiöser Schriftsteller an jenen Sinnentrug rühren, so muß er wie mit einem Schlage anfangen zugleich ästhetischer und religiöser Schriftsteller zu sein. Aber Eines darf er um alles nicht vergessen, den Gedanken, was eigentlich ist, – daß es das Religiöse ist, das entscheidend an den Tag soll. Die ästhetische Hervorbringung wird ein Mittel der Verständigung, und für den, der es vielleicht nötig haben mag (und angenommen, die Christenheit sei ein ungeheuerlicher Sinnentrug, sind dies viele), ein Beweis dafür, daß die religiöse Hervorbringung unmöglich sich daraus erklären läßt, daß der Verfasser älter geworden ist; denn sie ist ja gleichzeitig – und zu der gleichen Zeit ist man doch wohl nicht älter geworden.[24]

Somit sind für Kierkegaard die ästhetischen Schriften ein Mittel zu dem Zweck, auf das Religiöse aufmerksam zu machen. Er will das Publikum, an das er sich wendet, zum Urteilen bewegen, und aus der Passivität einer ästhetischen Existenz in die Aktivität eines Urteilers holen.

---

[23] GP, S. 42 (SKS 16, 31).
[24] GP, S. 43 (SKS 16, 31).

Doch – so wird klar – muss die religiöse Schriftstellerei antithetisch mit der ästhetischen mitlaufen, um die ästhetischen Existenzen auf den Telos aufmerksam zu machen. Doch ist damit Kierkegaards Methode keineswegs teleologisch; vielmehr weist sie nur auf den Telos, das Religiöse, hin, ohne zu ihm in ein direktes Verhältnis zu treten oder gar zu stehen. Das Ziel aller Bemühungen muss das indirekte Verhältnis sein, *ein Verhältnis, das sich zu sich selbst verhält*[25]: der Weg dorthin ist das Aufmerksam-gemacht-Werden – und das Urteilen.

> *Wofern denn ein Mensch in dieser Einbildung lebt, mithin in ganz andern, in rein ästhetischen Kategorien lebt – falls dann einer mit ästhetischer Darstellung imstande ist ihn ganz zu gewinnen und zu fesseln, und nun das Religiöse so geschwinde anzubringen weiß, daß er mit dem Schwunge dieser Hingebung geradenwegs hineinläuft in die meist entscheidenden Bestimmungen des Religiösen: was dann? Ja, dann muß er aufmerksam werden. Indes was weiter daraus folgt, kann niemand voraussagen; aber aufmerksam muß er werden. Möglich daß er wirklich zur Besinnung darüber kommt, was es doch habe besagen wollen, daß er sich Christ genannt hat. Möglich daß er wütend wird über den Menschen, der sich das wider ihn erlaubt hat; aber aufmerksam ist er geworden, er kommt dazu zu urteilen. Möglich daß er, um sich wieder in die Hand zu bekommen, von dem andern urteilt er sei ein Heuchler, ein Betrüger, ein Halbverrückter – hilft nichts, er muß urteilen, er ist aufmerksam geworden.*[26]

Diese Methode, mit deren Hilfe Kierkegaard nun den Menschen erreichen will, ihn ansprechen will, und somit das Christentum in die Christenheit einführen will, ist die der indirekten Mitteilung; die einer Mitteilung, die Kierkegaard nicht direkt aussprechen kann, weil es mit der Christenheit um eine Reflexion verstrickt in ihrer Negation handelt. In dieser Methode, die zugleich eine Psychotherapie ist, liegt eine Täuschung verborgen, wie es Kierkegaard nennt:

> *Aber eine Täuschung, das ist ja ein häßlich Ding Darauf würde ich antworten: man lasse sich von dem Wort ‚Täuschung‘ nicht täuschen. Man kann einen Menschen täuschen über das Wahre, und man kann, um an den alten Sokrates zu erinnern, einen Menschen hineintäuschen in das Wahre. Ja, eigentlich vermag man einzig und allein auf diese Weise einen Menschen, der in einer Einbildung befangen ist, in das Wahre hineinzubringen, dadurch nämlich daß man ihn täuscht. Wer andrer Meinung ist verrät damit, daß er nicht eben ein sonderlicher Dialektiker ist, und das wird doch gerade vonnöten sein um auf die Art vorzugehen. Es ist nämlich ein großer Unterschied, will sagen, der dialektische oder der des Dialektischen, zwischen diesen beiden Verhältnissen: Einer, der unwissend ist und dem ein Wissen*

---

[25] KzT, S. 8 (SKS 11, 130).
[26] GP, S. 46 (SKS 16, 33).

beigebracht werden soll, so daß er also dem leeren Gefäß gleicht, das gefüllt, oder dem weißen Blatt, das beschrieben werden soll – und einer, der in einer Einbildung befangen ist, welche vorerst fortgenommen werden soll; so ist denn auch ein Unterschied zwischen dem Beschreiben eines Stücks weißen Papiers – und dem Ätzmittel brauchenden Hervorrufen einer Schrift, die unter einer andern Schrift sich versteckt. Angenommen nun, einer sei in einer Einbildung befangen, und mithin sei recht verstanden, das Erste in der Mitteilung daß man die Einbildung fortnehme, – wenn ich da nicht damit beginne daß ich täusche, so beginne ich also mit unmittelbarer Mitteilung. Aber unmittelbare Mitteilung setzt voraus, daß beim Empfänger alles in Ordnung ist fürs Empfangenkönnen; aber hier ist das eben nicht der Fall, hier ist ja eine Einbildung im Wege. Das will sagen, hier muß vorerst ein Ätzmittel gebraucht werden; aber dies Ätzmittel ist das Negative, jedoch in Beziehung auf Mitteilen ist das Negative haargenau das Täuschen.

‚Täuschen‘ – was will das denn also sagen? Es will sagen, daß man nicht unmittelbar mit dem beginnt das man mitteilen will, sondern damit beginnt die Einbildung des andern für bare Münze zu nehmen. Man beginnt also (um bei dem zu bleiben was wesentlich der Gegenstand dieser kleinen Schrift ist) nicht so: ich bin Christ, du bist kein Christ; sondern so: du bist Christ, ich bin kein Christ. Oder man beginnt nicht so: es ist Christentum, was ich verkündige, und du lebst in bloß ästhetischen Bestimmungen, nein, man beginnt so: Ia.§ uns vom Ästhetischen reden; die Täuschung liegt darin, daß man so redet, eben um zum Religiösen zu kommen. Aber laut Annahme ist der andere ja auch in der Einbildung befangen, daß das Ästhetische das Christliche sei, denn er meint, er sei Christ, und doch lebt er in ästhetischen Bestimmungen.[27]

Man darf also nicht versuchen, einen Menschen unmittelbar, das heißt direkt aufzuklären über den Sinnentrug, in dem er sich befindet; sondern diese Sinnentrug ist ernst zu nehmen, um ihn dann als einen Sinnentrug zu entlarven; und „wie Sokrates will auch er [Kierkegaard, C.K.] selbst keine Lehre vertreten, sondern an dem ansetzen, was man zunächst für gewiß hält, um es dann seiner Unhaltbarkeit zu überführen."[28] Nur so kann man einen Menschen dahin führen, wo man ihn haben möchte und wo man glaubt, dass der Mensch zu seiner Bestimmung komme – für Kierkegaard das Christentum. Was er mit der indirekten Mitteilung bezweckt, ist, den Menschen aufmerksam zu machen und zum Urteilen zu bewegen.

Hierin liegt die Ironie Kierkegaards, dass er dem Leser über weite Strecken ästhetische und ethische Positionen ausbreitet, immer begleitet

---

[27] GP, S. 48f. (SKS 16, 31).
[28] Figal, S. 324.

von religiösen Schriften – oder dass er dem Leser über weite Strecken religiöse Positionen ausbreitet, immer begleitet von ästhetischen Schriften.[29] Doch kann für Kierkegaard dies alles nur den Zweck haben: aufgehoben zu werden.

4. Die persönliche Existenz

Ich strebte durch mein persönliches Existieren die Pseudonyme, die ganze ästhetische Schriftstellerei zu unterstützen.[30] Kierkegaard versucht, sein Leben, sein Existieren dem schriftstellerischen Werk anzugleichen. Zum einen dadurch, dass er analog zu den ästhetischen Schriften eine ästhetische Lebenshaltung zu entwickeln sich bemüht.

> *Ist Kopenhagen sich überhaupt jemals über einen einig gewesen, so darf ich sagen, es war sich einig über mich: ich war ein Tagedieb, ein Müßiggänger, ein Pflastertreter, ein leichtsinniger Vogel, ein guter, vielleicht ein glänzender Kopf witzig, usw. – aber des ‚Ernstes' ermangelte ich da unbedingt. Ich stellte dar der Wirklichkeit Ironie, Lebensgenuß, den raffiniertesten Lebensgenuß – aber von ‚Ernst und Verläßlichkeit' war da keine Spur, hingegen war ich ungeheuer interessant und pikant.*[31]

Dass dieses Interessante und Pikante an Kierkegaard jedoch nur aufgesetzt, Mittel zum Zweck der indirekten Mitteilung ist, dass es nur einem Publikum dargestellt wird, ist die logische Konsequenz, wenn die Analogie zum Werk wirklich aufrecht erhalten werden soll. Mit diesem Ästhetizismus täuscht er einmal mehr das Publikum; für *jenen einzelnen*[32] hingegen, an die er sich in den religiösen Schriften wendet, wird

---

[29] So verweist Kierkegaard mit Akribie darauf, dass in der Phase der religiösen Schriftstellerei der ästhetische Artikel *Die Krise oder eine Krise im Leben einer Schauspielerin* von Inter et Inter erschienen ist, um einmal mehr die Kontinuität des Nebeneinanders von religiöser und ästhetischen Schriftstellerei zu betonen; vgl. GP, S.25f. (SKS 16, 16).

[30] GP, S.57 (SKS 16, 43).
[31] GP, S.56 (SKS 16, 42f.).
[32] 2ER, S. 381 (SKS 5,13).

er allerdings in Kopenhagen der Inbegriff strengster und radikalster, evangelischer[33] Nächstenliebe.

> *Es befriedigte mich rein christlich, des Montags doch ein klein bißchen von dem auszuführen zu wagen, darüber man des Sonntags, wenn der Pastor predigt und selber dabei schluchzt, freilich schluchzt – und des Montags allerdings lacht; es befriedigte mich rein christlich, daß wenn sonst niemand, so doch bestimmt einer in Kopenhagen war, den jeder Arme auf der Straße ansprechen und sich mit ihm einlassen konnte; daß, wenn sonst niemand, so doch einer war, der, in welcher Gesellschaft er auch im übrigen ging, nicht vornehm tat, sondern jedes Dienstmädchen, jeden Knecht und Tagelöhner kannte, den er sonst kannte; es befriedigte mich rein christlich, daß wenn sonst niemand, so doch einer war, der [...] sich mit der Tat ein klein bißchen in der Lehre von der Nächstenliebe versuchte [...].*[34]

Kierkegaard, scheinbar ein Nichtstuer und Zeitvertrödler, übt wahre Nächstenliebe, lebt dem Evangelium gleich. Auch hier wird wieder die Ironie, die sein Werk prägt, im Leben sichtbar: die Zwiefältigkeit Ästhetizismus – Religiosität. Das eine hebt dabei immer das andere auf.

Nachdem sich nun mit der *Abschließenden Nachschrift* Kierkegaards schriftstellerisches Werk hin zur religiösen Schriftstellerei entwickelt, muss sich auch seine Existenz dementsprechend wandeln. Er inszeniert eine heftige Auseinandersetzung mit der kulturpolitisch bedeutenden Satire-Zeitschrift *Der Corsar*. Diese – vor allem getragen durch Meïr Aaron Goldschmidt und Peder Ludwig Møller – hatte *Entweder / Oder* noch positiv aufgenommen; allerdings widmete Møller den *Stadien auf des Lebens Weg* eine niederschmetternde Kritik im *Jahrbuch für Ästhetik*, das er selbst herausgab.[35] „Er tadelte ihre geistige Selbstquälerei, die schon an Wahnsinn grenzte, und er ließ durchblicken, daß Kierkegaard rücksichtslos seine Verlobte als Modell benutzt und ihre Liebesgeschichte der Öffentlichkeit preisgegeben habe."[36] Kierkegaard setzt zum Gegenangriff an, indem er in dem Wissen, dass Møller deshalb incognito am Corsaren mitarbeitet, um sich die Chance auf die Nachfolge des vakanten Lehrstuhls für Ästhetik an der Universität Kopenhagen nicht zu verbauen, folgendes in der Tageszeitung *Faedrelandet* veröffentlichte:

---

[33] Das Wort „evangelisch" ist hier nicht nur konfessionell zu verstehen, sondern vielmehr in erster Linie als Motivation, dem Evangelium gemäß zu handeln, also froh-botschaftlich (evangelisch) zu handeln.
[34] GP, S. 54f. (SKS 16, 41).
[35] Vgl. Vetter, S. 16.
[36] Rohde, S. 118.

Käme ich doch nur bald in den ‚Corsar'. Es ist wirklich hart für einen armen Schriftsteller, in der dänischen Literatur dadurch angeprangert zu sein, daß er (angenommen, daß wir Pseudonyme einer sind) der einzige ist, der dort nicht ausgescholten wird. Meinem Vorgesetzten, Hilarius Buchbinder, ist im ‚Corsar' geschmeichelt worden, wenn ich nicht fehlgehe; Victor Eremita hat sogar den Tort erleiden müssen, unsterblich gemacht zu werden – im ‚Corsar'! Und dennoch, ich bin schon dort gewesen, denn u b i s p i r i t u s , i b i e c c l e - s i a : u b i P . L . M ø l l e r , i b i ‚C o r s a r ' .[37]

Die Folge war zum einen, dass Kierkegaard Møllers pseudonyme Engagement für den Corsaren aufdeckte, und zum anderen, dass er, entsprechend seinem Wunsch, „durch eine Reihe bösartiger Karikaturen bloßgestellt, zum Gegenstand allgemeinen Gespötts"[38] wurde. Er wollte, wie er es im Gesichtspunkt ausdrückt, *schlechthin dialektisch seine gesamten Existenz-Verhältnisse umkehren, um jenes ganze unübersichtliche Publikum [...] dahin zu bringen, daß es von mir Kenntnis nähme, so daß ich Gegenstand würde für die Ironie aller.* Er wollte zum Gespött werden, er wollte sich selbst dem *Organ der Ironie*[39], wie er den Corsaren nannte, als Objekt der Verachtung ausliefern: Er wollte Krieg führen.

Das Kostüm [in das er sich in diesem Zusammenhang begab, C.K.] *war richtig. Jeder religiöse Schriftsteller ist eben damit polemisch; denn so trefflich ist die Welt nicht, daß man annehmen könnte, das Religiöse habe gesiegt oder sei in der Majorität. Ein triumphierender religiöser Schriftsteller, der in Mode ist, ist eben damit nicht religiöser Schriftsteller. Der wesentlich religiöse Schriftsteller ist jederzeit polemisch und dazu unter dem Widerstand leidend oder den Widerstand erleidend, der dem gemäß ist, was zu seiner Zeit dafür gelten muß das spezifische Böse zu sein. Sind Könige und Kaiser, Päpste und Bischöfe – und die Macht das Böse, so muß er auch daran kenntlich sein, daß er Gegenstand von Angriff und Verfolgung dieser Art ist. Auch hat der wesentliche religiöse Schriftsteller zum Hebel, den er braucht, nur einen einzigen, den wundergleichen Schluß: fragt man ihn, woher er beweise, daß er Recht habe, und daß es Wahrheit sei was er sagt, so antwortet er: das beweise ich daher, daß ich verfolgt werde; es ist das Wahre, das beweise ich daher, daß ich verlacht werde.*[40]

Seine Konzeption eines religiösen Schriftstellers gründet also auch auf Widerstand, Polemik, Leiden – auf Demut.

Auf diese Weise will er also in anderer Hinsicht Aufmerksamkeit erwecken, oder vielmehr erheischen, als Gespött und Witzfigur für ein

---

37 Nach: Rohde, S. 119.
38 Liessmann, S. 23.
39 GP, S. 61 (SKS 16, 47).
40 GP, S. 62f. (SKS 16, 48f.).

Publikum, das dann seine nachfolgende, religiöse Schriftstellerei anhand dieses Bildes von ihm nicht ernst nehmen würde.

So zeigt sich: Die ästhetische Schriftstellerei, in der die Mitteilung indirekt durch ästhetische und ethische Kategorien hindurchschimmert, wird ernst genommen. Man nimmt ihm die Darstellungen ab, liest sie als direkte Mitteilung und lobt ihn bisweilen auch dafür. Sein Leben nimmt hingegen keiner richtig ernst, man tadelt ihn und sieht die christlichen Kategorien darin nicht. Die scheinbar direkte Mitteilung der vorrangig religiösen Schriftstellerei (nicht unter Pseudonym, sondern unter seinem eigenen Namen herausgegeben) wird aufgrund der Auseinandersetzung mit dem Corsaren nicht ernst genommen, dafür aber sein Leben: Man hält ihn ernsthaft für verrückt. Es ist genau umgekehrt wie in der ästhetischen Schriftstellerei – das Leben wird für direkt, das Schreiben für indirekt mitgeteilt gehalten. Kierkegaard spielt mit dieser Ironie zwischen Mittelbarkeit und Unmittelbarkeit, zwischen Mitteilung im Leben und im Werk in jeder Phase seiner Wirksamkeit. Er verkehrt das eine zum anderen, negiert das eine zum anderen; das eine hebt das andere auf. Er bleibt bewusst und gewollt in den These-Antithese-Mustern der Dialektik – die Synthese, die Konklusion, die Aufhebung spricht er weder in der ästhetischen noch in der religiösen Phase seine Wirksamkeit aus. Er will es auch nicht, er will lediglich das Fragmal aussprechen: Christ werden. Nicht Christ sein.

Wenn dereinst mein Liebhaber kommen wird, so wird er leicht sehen, daß dazumal [in der Phase der ästhetischen Schriftstellerei, C.K.], als ich dafür gehalten wurde der Ironiker zu sein, die Ironie doch keineswegs da lag, wo ein hochgeehrtes gebildetes Publikum meinte daß sie läge – und versteht sich, so töricht kann denn ein Liebhaber von mir unmöglich sein, daß er annähme, ein Publikum verstehe sich auf Ironie, was gerade so unmöglich ist wie in Masse der einzelne sein. Er wird sehen, daß die Ironie eben darin lag, daß in diesem ästhetischen Schriftsteller und unter dieser Erscheinung der Wirklichkeit sich der religiöse Schriftsteller versteckte, ein religiöser Schriftsteller, der eben zu dieser Zeit zu seiner Erbauung vielleicht ebensoviel Religiosität verbrauchte wie sonst ein ganzer Haushalt. Vor allen Dingen wird mein Liebhaber sehen, daß im Verhältnis zum Nächstfolgenden [die Phase der religiösen Schriftstellerei, C.K.] die Ironie wiederkehrt, und zwar eben in dem, was das hochgeehrte gebildete Publikum für Tollheit hielt. In einer ironischen Mitwelt (diesem großen Inbegriff von Narren) läßt sich für den wesentlichen Ironiker nichts andres machen als das ganze Verhältnis auf den Kopf zu stellen, und selber Gegenstand far jedermanns Ironie zu werden. Mein Liebhaber wird sehen, wie das einschlug, den Nagel auf den Kopf traf wie das Verhältnis meiner Existenz sich umkehrte, haargenauest entsprechend der Veränderung in der Schriftstellerei. Hätte ich nicht das Auge dafür gehabt, oder den Mut dazu, hätte ich zwar die Schriftstellerei

aber nicht das Verhältnis meiner Existenz verändert, so wäre das Verhältnis
undialektisch und unklar geworden.[41]

5. Die Weltlenkung

Der Liebhaber, von dem eben die Rede war, ist für Kierkegaard:
Gott. Fast unmittelbar im Anschluss an das gerade Zitierte schreibt er:

> *Dies mein Gottesverhältnis ist die glückliche Liebe meines in mancherlei*
> *Weise unglücklichen und beschwerlichen Lebens. Und ob diese Liebesge-*
> *schichte, wenn ich sie so nennen darf, gleich das wesentliche Kennzeichen*
> *einer wahren Liebesgeschichte hat, daß nur Einer sie ganz verstehen kann, und*
> *nur bei einem es unbedingt Freude macht sie ihm zu erzählen, das ist der*
> *Geliebte, hier also der, von dem man geliebt wird: so hat es doch auch seine*
> *Freude zu andern davon zu sprechen.*[42]

Gott ist Kierkegaards Liebhaber, der letztendlich seine Ironie ganz
verstehen kann. Nur er, als Einer und Einziger, kann die wahre Liebesgeschichte verstehen – nur Einer, nämlich Gott, kann das System, in
dem sich Kierkegaard bewegt und von dem er zu anderen sprechen
will, ganz verstehen. Kierkegaard räumt das auch an anderer Stelle ein,
indem er sagt: *Ich betrachte mich selbst am liebsten als einen Leser meiner*
Bücher, nicht als den Verfasser.[43] Seine Wirksamkeit verstanden als
indirekte Mitteilung lässt sich nur als Leser gewinnen, als Leser der
dialektischen Grundstrukturen, deren Synthesis erst im Lesen ihre
Aufhebung finden muss. An anderer Stelle behauptet er zwar seine
Verfasserrolle, also seine Rolle als derjenige, der diese dialektischen
Grundstrukturen zu Papier bringt, was allerdings sein Verständnis vom
Ganzen nicht schmälert:

> *Und nun ich, der Verfasser, welches Verhältnis habe ich also, nach mei-*
> *nem Urteil, zum Zeitalter? Bin ich vielleicht der ‚Apostel'? Abscheulich, zu*
> *Derartigem hab ich nie Anlaß gegeben, ich bin ein armer geringer Mensch.*
> *Bin ich also der Lehrer, der Erzieher? Nein, auch das nicht, ich bin einer, der*
> *selbst erzogen worden ist, oder, dessen schriftstellerisches Werk ein Ausdruck*
> *in des Erzogenwerdens zum Christwerden: indem die Erziehung und je nach-*

---

[41] GP, S. 65 (SKS 16, 50f.).
[42] GP, S. 66 (SKS 16, 51).
[43] ÜWS, S. 10 (SKS 13, 19).

dem daß die Erziehung auf mich druckt, drücke ich wiederum auf die Zeit,
jedoch Lehrer bin ich nicht, bloß Mitschüler.[44]

Und doch ist er, als Mitschüler, ein beobachtender:

> [...] *gleich einem Spion in höherem, in der Idee, Dienst – ich habe nichts*
> *neues zu verkündigen, ich bin ohne Vollmacht, selber in Trug verhüllt gehe*
> *ich nicht geradenwegs zu Werk, sondern mittelbar und mit Hinterlist, bin kein*
> *heiliger Mann, kurz bin gleich einem Spion, welcher bei seinem Spionieren,*
> *bei seinem Bescheidwissen von Mißlichkeiten, Sinnentrug und dem was*
> *verdächtig ist, bei seinem Aufsichthalten selber unter der strengsten Aufsicht*
> *ist.*[45]

Seine Aufgabe als Spion besteht darin, durch Gott und in Hinblick
auf Gott die Menge und jenen Einzelnen zu täuschen: sich zu bewegen
in Ironie – und damit ästhetische und ethische Kategorien als solche zu
entlarven und in die Antithese zum Religiösen zu stellen. Er, als derjenige, der *selber unter strenger Aufsicht steht*, schöpft demhingehend seine
Motivation und Bestimmung aus Gott, er sieht seine eigene Sozialisation, die qua Mensch und die qua Schriftsteller, als eine religiöse. *Es ist*
die Weltlenkung, die mich erzogen hat, und die Erziehung ist reflektiert im
Vorgang der Schriftstellerei.[46]

Seine gesamte Biographie versteht Kierkegaard in dieser Ironie, die
sein Liebesverhältnis zu Gott ausmacht: Radikalste christliche Demut,
in dieser Weise von seinem Vater erzogen, und Schwermut konkurrie-
ren mit aufgesetzter Heiterkeit und Lebenslust: Hieraus, aus dieser dialektischen Beobachtung, resultiert er in seinem Leben die Synthese:
Christ werden, Gott dienen. Sein Werk versuchte er dementsprechend
anzulegen. Auch die großen Erschütterungen seines Lebens reiht Kierkegaard in diese Ironie mit ein, und macht somit Biographisches zu einem Teilaspekt seiner Wirksamkeit, er ironisiert es. Der Tod seines Va-
ters macht ihn selbst zum Büßer. Durch den Tod verliert er die Identifi-
kationsfigur für seine Schwermut, die er im Vater sieht, und steht nun
somit allein vor Gott. Er muss jetzt selbst fur sich büßen, er versinkt in
Reflexion.

> *Da starb mein Vater. Die mächtigen religiösen Eindrücke der Kindheit*
> *erhielten in der Milderung der Idealität eine erneute Macht über mich; ich war*
> *ja nun auch so viel älter geworden, daß ich besser zu meiner Erziehung paßte*
> *[i.e. der Schwermut seines Vaters, C.K.], deren Unglück eben war, daß sie*
> *mir so recht erst zugute kommen wird, wenn ich vierzig Jahre alt sein werde.*
> *Denn mein Unglück ist so ziemlich von der Geburt an, und vollendet durch*

---

[44] GP, S. 74 (SKS 16, 58).
[45] GP, S. 83 (SKS 16, 66).
[46] GP, S. 73 (SKS 16, 61).

die Erziehung, das gewesen: nicht Mensch zu sein. Aber wenn man Kind ist
– und die andern Kinder spielen, scherzen oder was sie sonst tun; o, und wenn
man Jüngling ist – und die andern Jünglinge lieben, tanzen oder was sie sonst
tun: dann, wiewohl man Kind und Jüngling ist, Geist sein, entsetzliche Pein,
und noch entsetzlicher, wenn man vermittelst der Einbildungskraft das
Kunststück zu machen versteht, daß es aussieht, als wäre man. Aber dies Un-
glück ist schon geringer wenn man vierzig Jahre alt ist, und in der Ewigkeit
ist es nicht mehr. Ich habe keine Unmittelbarkeit gehabt, habe daher, schlecht
und recht menschliche verstanden, nicht gelebt; ich habe alsogleich mit Refle-
xion begonnen, habe nicht erst in späteren Jahren ein bißchen Reflexion ge-
sammelt, sondern ich bin eigentlich Reflexion von Anfang bis zu Ende.[47]

Auch wird in diesem Zitat wieder auf das Phänomen der Gleichzeitigkeit angespielt. Wiewohl es ein Sinnentrug ist, *daß Religiosität und*
Christentum etwas ist, zu dem man erst seine Zuflucht findet, wenn man älter
wird,[48] so liegt für Kierkegaard die Gleichzeitigkeit auch in seiner Biographie verankert. Schon im Kindes- und Jugendalter lebte er dialektisch, als Schwermütiger, nicht Mensch Seiender auf der einen, und als
der Jugendlichste von allen auf der anderen Seite. Wie im Werk, wie in
seiner persönlichen Existenz ist hier ebenfalls die Zwiefältigkeit von religiöser Demut und ästhetischer Schöngeistigkeit zu beobachten. Diese
biographische Zwiefältigkeit, darin er sich als *Reflexion von Anfang bis*
zu Ende bewegt, sieht er als das Wirken der Weltlenkung, also als das
Wirken Gottes an seinem und für sein Leben.

In ähnlicher Weise verhält es sich mit dem Bruch mit Regine Olsen,
das *Faktum*,[49] wie Kierkegaard es hier nennt: Erst durch dieses Faktum,
wie entsetzlich dialektisch zusammengesetzt es gewesen, durch dieses Faktum, das ein *Doppel-Faktum*[50] war, wird er Dichter, es weckt die ästhetische These in ihm und stellt sie somit in ein notwendiges Verhältnis
zum Religiösen. Mit dem Bruch ist er sich selbst als Religiöser wieder
dem Ästhetischen gegenübergestellt, so dass sein Leben nun in
schriftstellerische Bewegung gerät: Die Grundkategorien Ästhetisches
/ Religiöses suchen nach der Aufhebung, suchen nach ihr in
Kierkegaards Wirksamkeit als Schriftsteller.

Ich hatte eigentlich, wie sehr ich auch in einem anderen Sinne gelebt habe,
menschlich gesprochen Kindheit und Jugend übersprungen, das sollte vermut-
lich (so war es wohl die Meinung der Weltlenkung) nachgeholt werden: statt
daß ich jung gewesen war, wurde ich Dichter, welches Jugend zum andern

---

[47] GP, S. 78f. (SKS 16, 61).
[48] GP, S. 41 (SKS 16, 29).
[49] GP, S. 80 (SKS 16, 62); lat. *factum* ist hier durchaus ambivalent zu verstehen:
das Geschehene vs. das Gemachte.
[50] GP, S. 80 (SKS 16, 62).

Male ist. Ich wurde Dichter; jedoch mit meinen Voraussetzungen in Richtung auf das Religiöse, ja, mit meiner entschiedenen Religiosität, wurde das gleiche Faktum mir zur gleichen Zeit eine religiöse Erweckung, so daß ich im allerentschiedensten Sinne dahin kam mich selbst zu verstehen im Religiösen, in der Religiosität, zu welcher ich doch ein Verhältnis gehabt hatte als zu einer Möglichkeit. Das Faktum machte mich zum Dichter; wäre ich nicht gewesen der ich war, die Begebenheit hingegen gewesen die sie war und meine Handlung [i.e. der Bruch mit Regine, C.K.] so gewesen wie ich sie tat: so wäre ein Weiteres daraus nicht entstanden: ich wäre Dichter geworden, und dann vielleicht nach vieler Jahre Ablauf in ein Verhältnis zum Religiösen gekommen. Jedoch eben weil ich religiös so entwickelt war wie ich war, griff das Faktum weit tiefer und machte in gewissem Sinne in religiöser Ungeduld das zunichte was ich geworden: das Dichter Sein, machte es zunichte, oder jedenfalls ich kam durchaus gleichzeitig, in einem einzigen Nu dahin, an zwei Stellen zu beginnen, indes so, daß das Dichter Sein eigentlich etwas war das mir nicht zukam, das ich geworden war durch etwas andres, – die religiöse Erweckung dagegen freilich nicht etwas war das ich durch mich selbst geworden wäre, jedoch gemäß meinem Selbst geworden war, das heißt, im Dichter Sein erkannte ich mich selbst nicht wieder, aber sehr wohl in der religiösen Erweckung.[51]

Doch die Aufhebung, die sich in dieser Wirksamkeit ergibt, ist für Kierkegaard nicht mitteilbar, sie ist indirekt, sie ist ein Verhältnis, eine Bewegung, ein Werden, und muss daher auch, wie gezeigt, indirekt mitgeteilt werden: Nicht Christ sein ist das Ziel, sondern Christ werden – der Glaube. Doch – „was man einsehen kann, muß man nicht glauben, und was geglaubt wird, läßt sich nicht einsehen."[52] Die Grundkategorien, die These und die Antithese, können nur sich gegenseitig ironisierend gegenübergestellt werden. *Auf die Art verstehe ich mich in meiner schriftstellerischen Wirksamkeit: sie macht der Christenheit Sinnentrug offenbar, und schafft freie Sicht für das Christ werden.*[53] Diese Bewegung des Christ Werdens lässt sich deshalb nicht einsehen, da es sich um eine Bewegung handelt. Es ist keine Konstante, die still hält, um für die Einsicht ein Foto davon zu schießen, sie läßt sich nicht begrenzen, weder innerhalb von Fotopapier, noch innerhalb von menschlich-endlichen Kriterien – sie lässt sich nur glauben, nichts als glauben, und entzieht sich somit dem Logos und der Ratio. Diese Bewegung des Christ Werdens bewegt sich, sie wird in der Aufhebung des dialektischen Verständnisses; sie, durch die „das Ewige zeitlich geworden ist",[54] ist ein Paradox,

---

[51] GP, S. 80f. (SKS 16, 63f.).
[52] Figal, S. 324.
[53] GP, S. 85f. (SKS 16, 68).
[54] Weischedel, S. 237.

„das zwar als Denkakt am Horizont erscheint, sich selbst dem Denken jedoch entzieht."[55]

---

[55] Dietz, S. 412.

III.

Rücksicht auf *Entweder / Oder*

1. Hinführung

Kierkegaards Erklärung im *Gesichtspunkt* ist problematisch. Problematisch insofern, als dass es allzu leicht fallen möchte, hierin die ultimative Erklärung für seine schriftstellerische Tätigkeit zu sehen. Denn, seinem eigenen Anspruch als Dialektiker gerecht werdend, der auf die Essenz seines Werks nur indirekt hinweisen kann, der die Aufhebung seiner Prämissen These – Antithese nur im Paradox suchen und finden kann, dieser Autor kann doch nicht unmittelbar reden! Eine unmittelbare Mitteilung verbietet sich im Kontext seiner Leugnung einer möglichen Kommunikation im Werk, eine Meldung an die Geschichte verstanden als objektiver Tatsachenbericht nimmt sich selbst aus diesem Kontext heraus. Und doch heißt der Untertitel des Gesichtspunktes: *Eine unmittelbare Mitteilung, Meldung an die Geschichte*. Aber dies sind Untertitel zu einer Erklärung, die sich selbst als Gesichtspunkt, als Perspektive versteht, eine Erklärung, die in ihrer Reflexion um das zu Erklärende verschiedene Aspekte beleuchtet und somit eben diese Aspekte zu Papier bringt. Dass nicht alle Aspekte zu Papier gebracht werden können, ist banal und braucht nicht weiter ausgeführt zu werden; dass aber die Aspekte, die ihren Weg auf das Papier als Fragment des Absoluten finden, als unmittelbare Mitteilung mitgeteilt werden können, als Meldung an die Geschichte, muss daraus folgen. Doch ist und bleibt diese direkt mögliche Kommunikation eben im Untertitel, sie bleibt der Erkenntnis, dass es sich mit der Schrift um einen Gesichtspunkt handelt, hinterher. Kierkegaards „intellectual life [...] has been transmitted to us in a flickering aphoristic form or perhaps, rather, a formlessness which requires the most careful attention from Kierkegaard scholars."[56]

Trotz allem muss sich Kierkegaards *Gesichtspunkt über seine Wirksamkeit als Schriftsteller*, diese Erklärung muss sich dennoch „based on the texts themselves"[57] im bestehenden Werk verifizieren lassen können – an dieser Stelle soll der Versuch unternommen werden, den dialektischen Strukturen, auf die im *Gesichtspunkt* hingewiesen wird, in

---

[56] Fenger, S. 31.
[57] Mackey, S. 165.

Kierkegaards Erstlingsschrift als religiöser Schriftsteller, *Entweder /
Oder*, nachzuspüren.

2. Victor Eremita

Victor Eremita, der Herausgeber von *Entweder / Oder*, eröffnet das
Werk in seinem Vorwort mit einer Episode, wie er sie erlebt haben will.
Demnach erblickte er bei einem Trödler einen Sekretär, *welcher gleich
beim ersten Sehen meine Aufmerksamkeit auf sich zog.*[58] Nach mehrmaligem
Schauen, Vorbeigehen, auch, *um seinetwillen einen Umweg zu machen*[59],
nach mehrmaligem Überlegen und Abwägen entschließt er sich, den
teuren Sekretär zu kaufen: *Das soll, dachte ich, das letzte Mal gewesen sein,
daß du so verschwenderisch bist.*[60] Somit findet das Möbelstück seinen
Platz in Eremitas Stube. Doch bald darauf findet Eremita die Gelegen-
heit, *für acht Tage eine kleine Reise hinaus aufs Land zu unternehmen.*[61] Als
er kurz vor der Abfahrt – es eilt bereits – noch Geld aus seinem Sekretär
nehmen möchte, lässt sich die entsprechende Schublade nicht öffnen.
Ein Handbeil ward geholt,[62] und mit mehreren Schlägen versucht sich Eremita aus dieser misslichen Lage zu befreien. Diese Versuche scheitern;
stattdessen entdeckt er jedoch ein Geheimfach im Sekretär, das ihm bisher noch nicht aufgefallen war. Darin befinden sich Lebensanschauungen beschreibende Papiere, die Eremita den beiden Person A und B zu-
ordnet: A zeichnet sich durch *eine Menge größerer und kleinerer aestheti-
scher Abhandlungen* aus, während die B zugeordneten Papiere *aus zwei
großen Untersuchungen und einer kleineren, sämtlich wie es schien ethischen
Inhalts*[63] enthalten. Die kleine Reise aufs Land unternimmt er trotz des
fehlenden Bargelds, dass er sich dann doch noch anderweitig besorgen
kann. Auf dieser Reise studiert er eingehend die gefundenen Papiere.
Nach mehreren Jahren vergeblicher Suche nach den Autoren gibt er die
Papiere in Buchform heraus; und um den gegensätzlichen Charakter

---

[58] E/O I, S. 4 (SKS 2, 12).
[59] E/O I, S. 5 (SKS 2, 12).
[60] E/O I, S. 5 (SKS 2, 13).
[61] E/O I, S. 5 (SKS 2, 13).
[62] E/O I, S. 6 (SKS 2, 13).
[63] E/O I, S. 7 (SKS 2, 14f.).

beider Lebensanschauungen zu demonstrieren, nennt er das Werk *Ent-weder/Oder*.

Victor Eremtia kehrt das Innere nach außen, wie er es auch zu Be-ginn seines Vorwortes darlegt.[64] Indem sich Eremita dem antiquari-schen Sekretär in wiederholenden Umkreisungen nähert, ihn schließlich kauft, meint er, etwas zu haben. Aber was hat er? Einen Sekretär, einen Gebrauchsgegenstand, der als schöner Blickfang die Stube schmückt – aber de facto gar nicht wirklich gebraucht wird. *Ich empfand sehr wohl, daß es eine sonderbare Lust sei* [den Sekretär zu besitzen, C.K.], *sintemal ich für dies Möbel keine Verwendung hatte.*[65] Eremitas Verliebtheit steigert sich noch, *nach und nach lernte ich seinen ganzen reichen Inhalt kennen, seine vielen Fächer und Schübe, und ich war des Sekretärs auf jede Weise froh.*[66] Doch was hat Eremita, was lernt er kennen? Es ist keine Notwendigkeit, die ihn veranlasst, diesen Sekretär zu kaufen, es ist keine Notwendigkeit, die ihn veranlasst, diesen Sekretär zu benutzen. Vielmehr handelt Eremita aus einer Freiheit heraus, etwas kaufen und benutzen zu dürfen, das er de facto nicht braucht, das er de facto nicht bezweckt. Diese Freiheit ohne Ziel, besser: diese Möglichkeit motiviert sein Verhalten. Auch findet sich diese Möglichkeit in dem Sekretär selbst, in *seinem ganzen reichen Inhalt,*[67] den Eremita gar nicht ausschöpft; denn dazu fehlt ihm die Notwendigkeit. Als er dann in die Situation einer Notwendigkeit kommt, als er dringend Geld aus dem Sekretär benötigt, zeigt sich, dass dieser genau in dieser Situation seine Möglichkeiten nicht hergibt, vielmehr nicht die, die Eremita fordert und bezweckt. Stattdessen eröffnet sich eine weitere Möglichkeit, für Eremita völlig überraschend, jedoch: in seiner aktuellen Situation völlig unnötig. Doch Eremita sieht die Chance, die in dieser sich neu eröffnenden Möglichkeit liegt und nutzt sie, indem er den Fund, die Papiere von A und B, der Öffentlichkeit preisgibt, sie also zur allgemeinen Möglichkeit erhebt. Und hierin, im gelüfteten Geheimnis, findet der Sekretär seine Bestimmung, seinen Zweck – seine Notwendigkeit.

Indem Victor Eremita das Innere nach außen kehrt, liegt die Paral-lele zu dem, was Kierkegaard im Gesichtspunkt über den Sinnentrug der Christenheit schreibt. Wenn Kierkegaard die Christenheit *hineintäu-schen* will *in das Wahre,*[68] wenn er das Christentum in die Christenheit

---

[64] Vgl. E/O I, S. 3 (SKS 2, 11).
[65] E/O I, S. 5 (SKS 2, 12).
[66] E/O I, S. 5 (SKS 2, 13).
[67] E/O I, S. 5 (SKS 2, 13).
[68] GP, S. 48 (SKS 16, 35).

einführt und ästhetische Bestimmungen als solche entlarvt, indem er die innere Bestimmung des Menschen: Christ werden, nach außen kehrt, wenn Kierkegaard dies tut, so tut Eremita das gleiche: Er kehrt die innere Bestimmung, die Notwendigkeit des Sekretärs, nach außen, indem er dessen Notwendigkeit in Form der Papiere findet, diesen Fund als wertvoll erkennt und schließlich der Öffentlichkeit preisgibt. Natürlich ist in der Episode Eremitas die Bestimmung des Menschen im Glauben, in der Religiosität, nicht enthalten – es darf nicht vergessen werden, dass *Entweder / Oder* der ästhetischen Schriftstellerei zuzuordnen ist, und sich somit eine direkte Mitteilung des Religiösen verbietet. Aber die Grundmuster der Dialektik Kierkegaards, und somit auch von Kierkegaards Theorie der Kommunikation sind hier schon entwickelt.

3. Der Ästhetiker A

„A zeigt sich als Mensch, der sich fordauernd beobachtet und im Zirkel dieser Beobachtung verfangen bleibt."[69] In der Abhandlung *Der Widerschein des antiken Tragischen im modernen Tragischen*[70] innerhalb der Papier von A beobachtet er zuallererst einmal die gegensätzlichen Charakteristika des antiken und des modernen Tragischen. In er Antike, so schreibt er, sieht sich das Individuum relativ zum Umfeld.

> *Der antiken Tragödie ist es nämlich eigentümlich, daß die Handlung nicht allein aus dem Charakter entspringt, daß die Handlung nicht hinreichend subjektiv reflektiert ist, sondern daß die Handlung selber einen relativen Beisatz von Leiden hat. [...] Die Handlung selber trägt in der antiken Tragödie ein episches Moment an sich, sie ist ebenso sehr Begebenheit wie Handlung. Das liegt nun natürlich daran, daß die alte Welt die Subjektivität nicht in sich reflektiert hatte. Mochte das Individuum gleich sich frei regen, es ruhte doch in substantiellen Bestimmungen, in Staat, Familie, in Schicksal. Diese substantielle Bestimmung ist das eigentlich Schicksalsschwangere in der griechischen Tragödie und ihre wahre Eigentümlichkeit. Der Untergang*

---

[69] Schulz, S. 301.
[70] E/O I, S. 147-176 (SKS 2, 137-162).

des Helden ist daher keine Folge bloß seiner Handlung, sondern zugleich ein Leiden [...].[71]

A stellt diese Erwägungen im Hinblick auf die Schuldfrage des tragischen Heiden an. *Hat das Individuum ganz und gar keine Schuld, so ist das tragische Interesse aufgehoben, denn alsdann ist der tragische Konflikt entnervt, hat es hingegen schlechthin Schuld, so interessiert es uns nicht mehr tragisch.*[72] Der tragische Held soll zwar Schuld haben, aber nur als Schicksalsschuld, als eine über ihn gekommene Schuld. Hierin liegt für A die ästhetische Schuld, die sich, als Erbschuld, auch jeglicher Eigenverantwortlichkeit von Seiten des Helden entzieht.

Demgegenüber stellt A das moderne Tragische, worin der Untergang des Helden *eigentlich nicht Leiden ist sondern Tat,*[73] und zwar dadurch, dass sich der Held des modernen Tragischen reflektiert, sich als Subjekt begreift, sich absolut setzt und untergeht – *der tragische Held ist subjektiv in sich reflektiert, und diese Reflexion hat ihn nicht allein aus jedem unmittelbaren Verhältnis zu Staat, Sippe, Schicksal hinausreflektiert, sondern oft sogar hinausreflektiert aus seinem eigenen früheren Leben.*[74] Das ist unangemessen, wie A feststellt: *Es ist daher sicherlich ein Mißverständnis des Tragischen, wenn unsere Zeit* [die des modernen Tragische, C.K.] *dahin strebt, alles Schicksalsschwangere sich wandeln zu lassen zu Individualität und Subjektivität.*[75] Womit für die Schuldfrage folgt, dass der Held des modernen Tragischen an seinem Leiden absolut Schuld trägt, und damit auch die absolute Verantwortung für sein eigenes Leiden – er trägt eine ethische Schuld. Und somit ist das Interesse für das Publikum, wie bereits zitiert, an einer solchen absoluten Schuld in keiner Weise tragisch, sondern komisch.[76] A betont wiederholt den Aspekt der Eingebundenheit des Helden in das Schicksal, in das Unabänderliche.

> *Ein jedes Individuum, so ursprünglich es sei, ist doch Kind Gottes, seiner Zeit, seines Volks, seiner Familie, seiner Freunde, erst hierin hat es seine Wahrheit; will es in dieser seiner ganzen Bedingtheit (Relativität) das Unbedingte (Absolute) sein, so wird es lächerlich. [...] Gibt es dagegen diesen Anspruch auf will es relativ sein, so hat es ohne weiteres das Tragische, und wäre es gleich das glücklichste Individuum, ja, ich möchte sagen, erst dann ist das Individuum glücklich, wenn es das Tragische hat.*[77]

---

[71] E/O I, S. 153f. (SKS 2, 142f.).
[72] E/O I, S. 154 (SKS 2, 143f.).
[73] E/O I, S. 154 (SKS 2, 143).
[74] E/O I, S. 154 (SKS 2, 143).
[75] E/O I, S. 154 (SKS 2, 143).
[76] Vgl. E/O I, S. 155 (SKS 2, 143).
[77] E/O I, S. 155f. (SKS 2, 144f.).

A bezeichnet das Tragische als *eine unendliche Milde, eigentlich ist es in ästhetischer Hinsicht in Beziehung auf das menschliche Leben eben das, was die göttliche Gnade und Barmherzigkeit ist, es ist noch zarter, und darum möchte ich sagen: es ist eine mütterliche Liebe, die den Kummervollen einlullt.*[78] Doch lullt sie den kummervollen, also den Helden des Tragischen, den Leidenden ein, hilft ihm aber nicht: für Verantwortung ist sie nicht verantwortlich, da es für den Kummervollen eine Gnade ist zu leiden.

An dieser Stelle fügt A ein erläuterndes Beispiel ein, das eben das Ästhetische als Gnade und Milde und das Ethische als *streng und hart*[79] beschreibt.

> *Wenn daher ein Verbrecher sich vor dem Richter damit entschuldigen wollte, daß seine Mutter Hang zum Stehlen gehabt und dies besonders in der Zeit, da sie mit ihm schwanger gegangen, so holt der Richter ein Gutachten des Gesundheitskollegiums über seinen Geisteszustand ein und meint, er habe es mit dem Diebe zu tun und nicht mit des Diebes Mutter. Soweit nun hier von einem Verbrechen die Rede ist, kann der Sünder freilich nicht Zuflucht suchen im Tempel der Ästhetik, gleichwohl wird sie auch für ihn einen mildernden Ausdruck haben. Mittlerweile wäre es verkehrt von ihm, danach zu streben, denn sein Weg führt ihn nicht zum Ästhetischen sondern zum Religiösen. [...] Das Religiöse ist der Ausdruck für die väterliche Liebe, denn es hat das Ethische in sich, aber dies ist gemildert, und wodurch wohl, wenn nicht durch eben das, was dem Tragischen seine Milde verleiht, durch Kontinuierlichkeit.*[80]

Im Falle eines ästhetischen Urteilens des Richters wüde das Gutachten des Gesundheitskollegiums, das den Hang zum Stehlen der Mutter in der Zeit, da sie mit dem vermeintlichen Verbrecher schwanger war, attestiert, für eine Amnestie des Angeklagten ausreichen. Die Vererbung der Schuld von der Mutter auf den Sohn würde die Bedingtheit, die Eingebundenheit in das Schicksal bezeichnen – und somit wäre der angeklagte Sohn sämtlicher Verantwortung enthoben, es bliebe eine ästhetische Schuld bestehen. Im Falle eines ethischen Urteilens wäre es genau umgedreht: Das Gutachten wäre in den Augen des Richters wertlos, da er es zu tun habe *mit dem Dieb* [...] *und nicht mit des Diebes Mutter.* Der Sohn wäre demnach von Schuldgedanken enthoben, was jedoch hieße, dass er für seine Tat allein verantwortlich wäre – er als Individuum wüürde folglich die ethische Schuld abseits von Bestimmungen wie Staat, Familie und Schicksal zu tragen haben. Als Mittelstellung zwischen diesen Gegensätzlichkeiten des Ästhetischen

---

[78] E/O I, S. 156 (SKS 2, 145).
[79] E/O I, S. 156 (SKS 2, 145).
[80] E/O I, S. 156 (SKS 2, 145).

und des Ethischen charakterisiert A das Religiöse: Es gewährt Kontinuierlichkeit im Urteil, es gewährt aber auch Trost; es gewährt Strenge und Härte, aber auch Gnade und Milde. A definiert das Religiöse als ein Trotzdem, als die Diskontinuität sowohl von ästhetischer als auch von ethischer Seite. Weder wird konsequent die absolute Bedingtheit noch die absolute Unbedingtheit des Angeklagten betont, sondern beide Konsequenzen werden zugleich gezogen.

> *Eben in dem Augenblick, da der Sünder fast zusammensinkt unter der allgemeinen Sünde, die er auf sich gelegt, weil er fühlte, gerade je mehr er schuldig werde, um so mehr sei Aussicht auf Erlösung, in eben diesem Augenblick des Grauens zeigt der Trost sich darin, daß es die allgemeine Sündigkeit ist, die auch in ihm sich geltend gemacht hat; doch dieser Trost ist ein religiöser Trost, und wer da meint, ihn auf irgend einem andern Wege, z. B. durch aesthetische Verflüchtigung zu erlangen, er hat den Trost eitel genommen, und er hat ihn eigentlich nicht.*[81]

Indem beide Konsequenzen zugleich gezogen werden, erfährt der Angeklagte aus ästhetischer wie aus ethischer Richtung beschauend das Trotzdem, das da heißt: Erlösung.

An dieser Stelle bricht A seine Ausführungen hierüber ab und geht dazu über, Stimmungen wie Furcht und Mitleid im Tragischen zu beleuchten. Seine Ausführungen über das Verhältnis von Ästhetischem, Ethischem und Religiösen bricht daher unvermittelt ab und bleibt als pure Möglichkeit bestehen – in keiner Weise ist eine Notwendigkeit für eines der drei zu bemerken. Es zeigt sich einmal mehr, inwieweit A im Kreislauf der beobachteten Möglichkeiten hängenbleibt: Er greift keines als das Wahre und Notwendige heraus, er beobachtet nicht zweckmäßig. Auch wenn er das Ästhetische als angemessener gegenüber dem Ethischen bewertet, so liegt darin keine Notwendigkeit oder gar eine Wahl, wie B sie später fordert, sondern aus den Charakteristika des Ästhetischen heraus ergibt es sich selbst wieder als Möglichkeit. Denn gefangen in der Bedingtheit, in der Bestimmung des Schicksals muss sich eine zweckmäßige und notwendige Handlung als eine wertlose, als eine sinnlose Handlung erweisen. Über dem Individuum stehen vom Schicksal postuliert Möglichkeiten, die ergriffen werden können – doch welche auch ergreife werden, im Ergebnis, im Wert und im Sinn ändert dies nichts. Deutlich zum Ausdruck kommt dies in *Entweder – Oder. Ein ekstatischer Vortrag*, in dem A schreibt:

> *Heirate, du wirst es bereuen; heirate nicht, du wirst es gleichfalls bereuen; heirate oder heirate nicht, du wirst beides bereuen; entweder du heiratest oder du heiratest nicht, du bereust beides. Lach über die Narrheit der Welt, du wirst*

---

[81] E/O I, S. 157 (SKS 2, 145f.).

es bereuen; wein' über sie, du wirst es gleichfalls bereuen; lach über die Narr-
heit der Welt oder wein' über sie, du wirst beides bereuen; entweder du lachst
über die Narrheit der Welt oder du weinst über sie, du bereust beides. [...] Dies,
meine Herren, ist aller Lebensweisheit Inbegriff.[82]

Das einzige Ergebnis, was dieser a*ller Lebensweisheit Inbegriff* bestehen lässt, ist das Nichts, wie es auch im Motto der Diapsalmata heißt:

> *Grandeur, savoir, renommée,*
> *Amitié, plaisir et bien,*
> *Tout n'est que vent, que fumée:*
> *Pour mieux dire, tout n'est rien.*[83]

Doch es gibt noch einen anderen Weg, der diesen Pluralismus der
Möglichkeiten zwar als das Nichts begreift, aber dennoch nicht im
Nichts auf-geht: indem man mit den Möglichkeiten spielt, sie auskostet,
ausreizt, und bei Nichtgefallen abwirft und sich einer Neuen zuwendet.
Es entwickelt sich ein Selbstgenuss, der sich um sich selber in seinen
Möglichkeiten dreht. Als gutes Beispiel dafür läßt sich das *Tagebuch des
Verführers*[84] anbringen, das A nicht selbst geschrieben, sondern selbst
nur herausgibt. In ständiger Bewegung umkreist der Verführer das
Mädchen Cordelia, das er begehrt, oder besser: dessen Eroberung er be-
gehrt. So perspektiviert er sie von allen Seiten, immer von der einen zur
anderen springend, falls die erstere nicht mehr begehrenswert
erscheint. „Johannes, der Verführer dieses Tagebuches, liebt das
Mädchen Cordelia nicht, wenn man unter Liebe das sich öffnende
Hingezogensein zu einem Du versteht. Johannes liebt den Rausch der
eigene Macht. Er legt alles nur auf den einen Moment an, in dem sich
Cordelia hingeben wird. Das ist der Höhepunkt, auf dem man
abbrechen muß. Johannes weiß im voraus, daß es dann nur noch darauf
ankommt, sich wieder aus dem Mädchen, in das man sich
hineindichtete, herauszudichten."[85] Cordelia wird zum Objekt von
Johannes' dichterischer Begierde; er als das Subjekt jedoch versucht nie,
das Objekt ganz zu fassen – hat er es, lässt er wieder los und fängt von
vorne an.

Kierkegaards ästhetische Schriften, wie sie im *Gesichtspunkt* vorge-
stellt werden, sind analog zu den Papieren von A eine Fülle von Möglichkeiten, die – als Ganzes betrachtet – parallel nebeneinanderstehen.
Als Pseudonym umkreist Kierkegaard vorwiegend philosophische
Probleme, doch – wiederum als Ganzes gesehen – sprechen sich die äs-

---

[82] E/O I, S. 41f. (SKS 2, 47f.).
[83] E/O I, S. 18 (SKS 2, 26).
[84] E/O I, S. 323-484 (SKS 2, 291-432).
[85] Schulz, S. 301f.

thetischen Schriften für keine ihrer Möglichkeiten aus. Kierkegaard macht somit deutlich, in welcher Weise sich Erkenntnisse, Gedanken und philosophische Ergebnisse darstellen lassen: als Möglichkeiten, deren Charakter eben der der Pluralität ist. Keine von diesen Möglichkeiten beinhaltet eine Notwendigkeit. Das einzige Notwendige, das durch Kierkegaards ästhetische Schriften durchschimmert, ist die Religiosität des Individuums, wie es auch aus den Ausführungen von A über das antike bzw. das moderne Tragische aufscheint. Doch erkennt A diese Notwendigkeit des Religiösen nicht, sondern sieht sie parallel zum Ästhetischen und zum Ethischen als eine Möglichkeit unter vielen und ist somit auch dazu in der Lage, die Ausführungen mitten in seiner Betrachtung abzubrechen. Eine Möglichkeit zu Ende zu führen, ist schlicht unmöglich. Denn dann wäre sie notwenig, zweckgerichtet und hätte Wert. In A's nihilistischer Dichterexistenz hat aber nichts einen Wert und verdient somit auch nicht, bis zum Ende verfolgt zu werden. Bevor das Ende naht, verschluckt ihn die Bedingtheit und die Nichtigkeit der Möglichkeit.

4. Der Ethiker B

B wendet sich in Briefform an A. Das heißt, er setzt sich selbst mit ihm in ein Verhältnis, er nimmt A in seiner Stellung und in seiner Lebensanschauung ernst, indem er ihn direkt anredet, ihn zu Wort kommen lässt, ihn als Ausgangspunkt seiner, B's Betrachtungen setzt. B gestaltet in seinen Briefen einen Dialog von A und B, während A in seinen Abhandlungen lediglich monologisiert. Das erinnert an Kierkegaards Gesichtspunkt: *Daß man, wenn es einem in Wahrheit gelingen soll, einen Menschen an einen bestimmten Ort zu führen, vor allen Dingen darauf achten muß, ihn dort zu finden, wo er ist und allda zu beginnen hat.*[86] B verfährt genau in dieser Weise; er versucht, A an seinem Ort zu begegnen. So beschäftigt sich B in seinem zweiten Brief, *Das Gleichgewicht zwischen dem Aesthetischen und dem Ethischen in der Herausarbeitung der Persönlichkeit*[87] zuerst einmal mit dem Ästhetischen.

---

[86] GP, S. 38 (SKS 16, 27).
[87] E/O II, S. 165-377 (SKS 3, 153-314).

Was aber heißt es: aesthetisch leben [...]? Was ist in einem Menschen das Aesthetische [...]? Hierauf möchte ich antworten: Das Aesthetische in einem Menschen ist das, dadurch er unmittelbar das ist was er ist [...]. Wer in und durch und von und für das Aesthetische in ihm lebt, er lebt aesthetisch.[88]

Wenn ein Mensch *unmittelbar das ist was er ist*, so ist er, wie es A ausdrücken würde, ein in Bedingtheit und Bestimmtheit lebender Mensch. Es ist das, was vom Menschen nicht als eigene Tat vollbracht wird, es ist das, worin sich der Mensch fügen muss – Sozialisation, Schicksal. Mit der Unmittelbarkeit setzt der Mensch *stets eine Bedingung, welche entweder außerhalb des Individuums liegt oder auf eine Art im Individuum ist, daß sie nicht in dessen eigner Macht steht.*[89] Somit beinhaltet diese Bedingung etwas Willkürliches, etwas Zufälliges – denn die Bedingung könnte sich ja auch in anderer Weise auf den Menschen ausgewirkt haben. Es liegt in dieser Bedingung eine Gleichgültigkeit, die, wie in den Abhandlungen von A schon zu sehen war, in das Nichts, in Hoffnungslosigkeit mündet. Die Zukunft wird somit negiert; der ästhetisch lebende Mensch erhebt eine Möglichkeit, die Gegenwart zur Ewigkeit, muss aber erkennen, dass diese ewig gültige Gegenwart ihn nicht ausfüllt, sondern vielmehr entleert. Versucht er es mit anderen Möglichkeiten, so scheitert er entsprechend.

„Es ist nun das Anliegen des B, diesen A [der sich konkret in dieser Situation befindet, C.K.] aus der Verlorenheit seiner selbst herauszuführen und ihn damit überhaupt vor die Problematik der Existenz zu stellen."[90] B versucht nun, A vor die Situation einer Entscheidung zu stellen, ihn zum Handeln aufzufordern. Diese Entscheidung muss ihn, also seine Möglichkeiten betreffen; es muss ein Entweder / Oder artikuliert werden, das exklusiveren Charakters ist, und nicht in Gleichgültigkeit zerfällt wie bei A: entweder dies, oder das – aber nicht beides. A muss sich durch das Entweder / Oder definieren, zu sich selbst finden. Doch zuerst muss sich A zu dieser Entscheidung entschließen, er muss diese Wahl, wie sich B ausdrückt, wählen.

Das Entweder/Oder, das ich aufgestellt habe, ist mithin in gewissem Sinne absolut; denn es geht in ihm um Wählen oder Nichtwählen. Da aber die Wahl eine absolute Wahl ist, ist das Entweder/Oder absolut; [...] ich will Dich hinzwingen zu der Stelle, an welcher die Notwendigkeit der Wahl sich zeigt, und alsdann das Dasein unter ethischen Bestimmungen betrachten. Ich bin kein ethischer Rigorist, der für eine formale abstrakte Freiheit begeistert ist; wenn die Wahl nur erst gesetzt ist, kehrt alles Aesthetische wieder, und Du wirst sehen: hierdurch erst wird das Dasein schön, und erst auf diesem Wege

---

[88] E/O II, S. 189f. (SKS 3, 174f.).
[89] E/O II, S. 191 (SKS 3, 175).
[90] Schulz, S. 302.

kann es einem Menschen gelingen, seine Seele zu erretten und die ganze Welt
zu gewinnen, die Welt zu gebrauchen ohne sie zu mißbrauchen.[91]

Was B will, ist A auf seine aporetische Lebensanschauung aufmerksam zu machen, indem er in vor die Wahl stellt: Wählen oder Nichtwählen. Dabei geht keineswegs A's Ästhetizismus verloren – doch wird er erkennen, dass es außer puren Möglichkeiten auch Notwendigkeiten gibt, die es zu ergreifen und zu begreifen gilt.

B's Intention ist es jetzt, A nicht einfach die Lebensanschauung zu beschreiben, die, wenn er die Wahl wählt, zu begreifen notwendig sein wird; vielmehr zeichnet er den Weg auf, der A vom Ästhetischen heraus in diese neue Lebensanschauung, in das Ethische, hineinführt. „Er bietet dem A eine Leiter, auf der er zum Ethischen emporsteigen könnte."[92] Diese eigentliche Wahl, diese konkrete Wahl ist eine Genese; „damit ist eine Umwandlung des Subjekts gemeint, die sich in insgesamt drei Bewegungen vollzieht."[93]

Die erste Bewegung ist die des Verzweifeln.

> *So wähle denn die Verzweiflung, denn die Verzweiflung selber ist eine*
> *Wahl, zweifeln kann man nämlich ohne es zu wählen, verzweifeln aber kann*
> *man nicht ohne es zu wählen. Und indem man verzweifelt, wählt man aber-*
> *mals, und was wählt man da, man wählt sich selbst, nicht in seiner Unmittel-*
> *barkeit, nicht als dies zufällige Individuum, sondern man wählt sich selbst in*
> *seiner ewigen Giltigkeit.*[94]

Die Verzweiflung als *ein Ausdruck für die gesamte Persönlichkeit*[95] als eine Negation der unmittelbar bestimmten Zufalligkeiten bringt das Individuum zu sich selbst, zu seiner abstrakten Identität. Es ist gleich einer Isolation, gleich einem „Sich-Loslösen"[96] – und zugleich ein Sich-Finden in seiner *ewigen Giltigkeit*[97] ein „Zu-sich-selbst-kommen".[98]

> *Die Wahl vollzieht hier mit einem Schlage zwei dialektische Bewegungen:*
> *Das, was gewählt wird, ist nicht da und entsteht durch die Wahl; das, was*
> *gewählt wird, ist da, sonst wäre es keine Wahl. Wofern nämlich das, was ich*
> *wähle, nicht da wäre, sondern durch die Wahl schlechthin entstünde, würde*
> *ich nicht wählen, sondern würde erschaffen; aber ich erschaffe mich nicht, ich*

---

[91] E/O II, S. 189 (SKS 3, 173).
[92] Greve, S. 51.
[93] Greve, S. 51.
[94] E/O II, S. 224 (SKS 3, 203).
[95] E/O II, S. 226 (SKS 3, 204).
[96] Greve, S. 51.
[97] E/O II, S. 227 (SKS 3, 203).
[98] Schulz, S. 302.

wähle mich. Während daher die Natur aus nichts erschaffen ist, während ich selbst als unmittelbare Persönlichkeit aus nichts erschaffen bin, bin ich als freier Geist geboren aus dem Satz des Widerspruchs, oder dadurch geboren, daß ich mich selbst gewählt.[99]

Das Widersprüchliche an diesem Sich-selbst-Wählen ist die doppelte Bewegung, die diesem zugrunde liegt: Sich-Loslösen als Endliches in die Abstraktion und zugleich Sich-Finden in der Ewigkeit, im Absoluten. Diese zweite, gleichzeitige Bewegung drückt sich in der Reue aus. In der Reue sehnt sich das Individuum nach Konkretion, nach Verwirklichung – er [i.e. das Individuum, C.K.] *reut sich zurück in sich selbst, zurück in der Familie, zurück im Geschlecht, bis daß er sich selbst findet in Gott.*[100] Die Unmittelbarkeit, die in der ersten Bewegung des Sich-Loslösens negiert wurde, als Unmittelbarkeit entlarvt wurde, muss sich nun, in der zweiten, gleichzeitigen Bewegung, bewusst gemacht werden. Die Unmittelbarkeit muss als Endlichkeit und damit als unüberwindbares Charakteristikum des Menschen angenomen werden – was für den Mensch Freiheit bedeutet, Freiheit von den Zirkelschlüssen, von der Hoffnungslosigkeit, von der Zeitlosigkeit als ewige Gegenwart der Unmittelbarkeit in ihren Möglichkeiten. „Unmittelbarkeit läßt sich in Freiheit nur überführen, indem sie bereut wird; denn sie ist ein Ergebnis von Schuld"[101] – eine Schuld deswegen, weil das Individuum in seiner Teilnahmslosigkeit an den Notwendigkeiten der Welt sich die Unmittelbarkeit nicht bewusst macht, und somit schuldig wird. In diesem Bewusstsein der Unmittelbarkeit tritt das Individuum auch in ein Verhältnis zu Gott als Unmittelbarkeit, als Gegebenes schlechthin.

Bisher waren die Bewegungen noch abstrakt, ein Wählen als solches. Doch: Das Individuum wählt sich selbst als etwas Konkretes; „was gewählt wird, das ist ja kein abstraktes Selbst, sondern das bin ich selbst Ich wähle mich und nicht einen anderen, mich mit meiner bestimmten Veranlagung und meiner bestimmten individuellen Geschichte."[102] In der dritten Bewegung, so betont B, kommt es also darauf an, dass der Mensch die Wahl als Abstraktion konkret werden lässt. Dadurch „kommt er erst zu sich selbst und findet die Aufgabe, die seine Aufgabe werden kann."[103]

Der einzelne Mensch wählt sich also als ein vielfältiges bestimmtes konkretes Sein, und er wählt sich daher nach dem Zusammenhang, in dem er

---

[99] E/O II, S. 229 (SKS 3, 207).
[100] E/O II, S. 230 (SKS 3, 207).
[101] Greve, S. 52.
[102] Schulz, S. 304.
[103] Weischedel, S. 234.

steht. Dies konkrete Sein ist des Menschen Wirklichkeit; da er es aber nach seiner Freiheit wählt, so kann man auch sagen, daß es seine Möglichkeit ist, oder (um nicht einen so aesthetischen Ausdruck zu brauchen) daß es seine Aufgabe ist. Wer aesthetisch lebt, sieht nämlich allenthalben nichts als Möglichkeiten, diese machen für ihn den Inhalt der Zukunft aus; dahingegen sieht der, welcher ethisch lebt, allenthalben Aufgaben. Dies sein wirkliches konkretes Sein sieht der einzelne Mensch also als Aufgabe, als Bestimmung, als Ziel.[104]

Mit der Wahl seiner Selbst und mit der einhergehenden ethischen Wahl gelangt der Mensch also zu einer Aufgabe, die ihm einen Platz in der Welt zuweist. Er muss in Zusammenhang mit dieser Aufgabe Verantwortung übernehmen, er muss sich bewusst machen, was seine Aufgabe ist und was sich aus ihr ergibt. Dieser Platz in der Welt kann durchaus ästhetisch bestimmt sein, durch mannigfaltige ästhetische Gaben bereichert; aber die Unmittelbarkeit einer ästhetischen Lebensanschauung weicht der aktiven Handlung, so dass der Mensch „in die aktive Möglichkeit" gelangt, seine „so reichen Gaben in innerer Ordnung und Harmonie zu entfalten und so ein Mensch in Einheit und Ganzheit zu sein"[105], also ewig gültig zu sein. „Überblickt man diese [...] Stufen [i.e. die von B herausgearbeiteten Stufen, C.K.], so ergibt sich ein durchaus geschlossenes Ganzes, besser: ein bestimmter zielhafter Weg. Dieser Weg führt vom selbstverlorenen Daseinsgefühl zum sich sammelnden existentiellen Selbstbewußtsein, das sich als die Einheit von unendlicher Freiheit und endlicher Gegebenheit vollzieht. Existenz, so muß man nach B formulieren, ist diese Einheit von Unendlichkeit und Endlichkeit. Existenz ist dieses Sich-halten im Gleichgewicht, insofern sie durch die Selbstwahl Unendliches und Endliches zusammenschließt."[106]

An dieser Stelle muss man jedoch kritisch einhaken: Existenz ist die Einheit, das Sich-halten im Gleichgewicht? Und dieses Gleichgewicht ist Freiheit? Hier kommen die großen Schwächen der ethischen Wahl und der ethischen Lebensanschauung zum Vorschein; denn der Platz in der Welt, den ein Individuum, das sich selbst absolut gewählt hat, einnimmt, diese Aufgabe definiert es – und beschränkt es. Indem man sich bewusst auf seine Unmitelbarkeit bezieht, wird sie nicht überwunden; indem man sich selbst wählen will, wählt man de facto seine Unmittelbarkeit. Aus dem Anspruch der Aktivität, der Handlung, wird Passivität; *man tut was man kann*[107] – und entlarvt sich somit als Endliches, Unmittelbares, Gewordenes, wiewohl man das Absolute, das Freie, das

104 E/O II, S. 268 (SKS 3, 240).
105 Schulz, S. 305.
106 Schulz, S. 305.
107 E/O II, S. 367 (SKS 3, 324).

Sein anstrebt. Man fällt zurück in den Ausgangspunkt, dahin, wo man herkam: in die Hoffnungslosigkeit, in das Ästhetische.

Im Hinblick auf den *Gesichtspunkt* wird folgendes klar: Analog zu Kierkegaard versucht B, den Menschen vor eine Entscheidung zu stellen, ihn auf die Notwendigkeit der Wahl bzw. der Nichtwahl aufmerksam zu machen. Doch während B explizit die Wahl mit einem konkreten Wohin fordert, das er mit dem Ethischen auch beim Namen nennt, bleibt Kierkegaard im Gesichtspunkt stets auf der Ebene, die Masse bzw. jeden Einzelnen auf das Wahre aufmerksam machen zu wollen. Doch – was ist das Wahre? Kierkegaard entzieht sich unmittelbar dieser Konkretion, während B sie systematisch ausgearbeitet beschreibt. Für B ist die Aufhebung seiner Dialektik Bestandteil des Systems, so „daß man meint, er habe bei Hegel Kolleg gehört"[108] – doch Kierkegaard stellt den systematischen Anspruch der Aufhebung in Frage, vielmehr negiert er ihn. Die Aufhebung findet ihren Platz jenseits des Systems, das da heißt: Wirksamkeit als Schriftsteller.

5. Das Ultimatum

Im dritten Brief des B an A,[109] nach *Die aesthetische Giltigkeit der Ehe* und *Das Gleichgewicht zwischen dem Aesthetischen und dem Ethischen in der Herausarbeitung der Persönlichkeit* wendet sich B erneut dem Ästhetizismus des A zu; doch spricht er diesmal nicht selber, sondern lässt einen befreundeten Pfarrer aus Jütland zu Wort kommen, dessen Predigt er zum Hauptteil dieses dritten Briefes macht.[110] Diese Predigt trägt als Titel: *Das Erbauliche, welches in dem Gedanken liegt, daß wir Gott gegenüber allezeit unrecht haben.*[111] Ausgehend von der Perikope Lukas 19,41-48 entwickelt der Pfarrer seine Gedanken vom Unrecht- haben-Wollen gegenüber Gott. Einmal mehr wird über die Schuldfrage nachgedacht – und analog zum Bibeltext zuerst über die Schuld Jerusalems.

---

[108] Schulz, S. 304.
[109] E/O II, S. 357-377 (SKS 3, 315-332). Vgl. Welz.
[110] Vgl. E/O II, S. 359f. (SKS 3, 317f.).
[111] E/O II, S. 361 (SKS 3, 320).

[...] der Stadt Untergang war beschlossen. Vergeblich spähte die belagerte Stadt in ihrer Angst nach einem Ausweg, des Feindes Heer zermalmte sie in seiner gewaltigen Faust, und niemand entrann, und der Himmel ward verschlossen, und kein Engel ward entsandt, einzig der Mordengel, der sein Schwert schwang über der Stätte. Was das Volk verfehlt hatte, das mußte dies Geschlecht büßen; was die Geschichte verfehlt hatte, das mußte jedes einzelne Glied des Geschlechts büßen.[112]

Jerusalem war schuldig, und die Konsequenz, der Stadt Untergang, war beschlossene Sache: Weder Himmel noch Engel stand dem Geschlecht von Jerusalem bei. Es zeigte sich die Notwendigkeit des Untergangs – die Notwendigkeit der Strafe, die alle Menschen der Stadt traf, ob individuell schuldig oder nicht.

So ist denn des Gerechten Los gleich dem des Ungerechten, so hat denn Gottesfurcht keine Verheißung mehr für dies gegenwärtige Leben; so ist denn jeder erhebende Gedanke, der dich einstmals so reich gemacht an Mut und Vertrauen, ja, ist er nicht eine Einbildung, ein Gaukelwerk, daran das Kind glaubt, darauf der Jüngling hofft, darin jedoch der ein bißchen Ältere keinen Segen findet, sondern nichts als Hohn und Ärgernis?[113]

Aufgrund dieser scheinbaren Ungerechtigkeit, aufgrund dieser Unmittelbarkeit der Strafe sieht sich der Mensch herausgefordert, mit Gott, der ja diese Unmittelbarkeit zuließ, zu streiten - er will mit ihm streiten. Er will die unmittelbare Handlung Gottes bewerten, über sie urteilen und richten. Doch: *Du sollst mit Gott nicht rechten,*[114] der Mensch muss erkennen, dass er gegenüber Gott nicht Recht haben kann, sondern nur Unecht – und dass darin, gegenüber Gott Unrecht zu haben, eine Demut liegt, die dem Menschen Recht gibt. Der Mensch wird somit in die Schranken seiner Möglichkeiten und seiner Unmittelbarkeit gewiesen; er wird in die Erkenntnis gewiesen, dass im Unrecht haben nichts Geringes, sondern etwas Großes, über sich Hinüberschreitendes, Transzendentes, ja eine mögliche Unmöglichkeit liegt. Man kann mehr tun, als man kann; man ist dazu in der Lage, seine Grenzen zu durchbrechen.

Der jütländische Pfarrer fährt nun fort, indem er überlegt, was das Erbauliche an dem Gedanken ist, dass man Unrecht hat. Wenn man im Unrecht haben einen Schmerz spürt, den wir leiden, *weil wir wissen, er dient zu unserm Besten, wir getrösten uns, es werde uns einmal gelingen, kräftiger Widerstand zu leisten*[115], liegt nur insofern etwas Erbauliches darin, dass das Unrecht-Haben und Leiden immer seltener angepeilt und da-

---

[112] E/O II, S. 364f. (SKS 3, 322).
[113] E/O II, S. 366 (SKS 3, 323).
[114] E/O II, S. 366 (SKS 3, 324).
[115] E/O II, S. 369 (SKS 3, 326).

hingehend immer öfter verdrängt wird. Jedoch soll etwas Erbauliches darin liegen, allezeit Unrecht zu haben! Und wenn man mit dem Trotz das Unrecht tötet, wenn man sich gegen Härte und Ungerechtigkeit wehrt, indem man sich in trotzige Ruhe stürzt, besänftigt man keinen Zweifel und heilt keinen Kummer: Man härtet ab gegen das Unrecht und erleidet es geduldig. [...] *wenn du fortfährst, Unrecht zu leiden, so erbaust du dich an dem Gedanken, daß du Recht hast.*[116] Jedoch soll etwas Erbauliches darin liegen, dass man allezeit Unrecht hat! In der Liebe, so der Pfarrer, liegt nun aber durchaus etwas Erbauliches, Unrecht zu haben. Gerade dort wünscht man sich, Unrecht zu haben, weil es einem selbst viel zu sehr schmerzt, gegenüber dem anderen Recht zu haben – so dass man alles für sein Unrecht tut, so dass man Unrecht haben will. Doch der Widerspruch, dass das Individuum auf der einen Seite nur selten Unrecht haben will, auf der anderen Seite jedoch gerne und oft Unrecht haben will, zeigt die Verhältnisse beider Situationen: *So ist denn der Wunsch, Unrecht zu haben, Ausdruck für ein unendliches Verhältnis, das Rechthaben Wollen oder es schmerzlich Finden, daß man Unrecht hat, Ausdruck für ein endliches Verhältnis! Also ist es erbaulich, allezeit Unrecht zu haben, denn allein das Unendliche erbaut, das Endliche nicht!*[117]

In einem Verhältnis zu Gott könnte man den Widerspruch, Unrecht haben zu wollen und Unrecht haben nicht zu wollen, aufheben: Denn der Mensch zum einen will diese Erkenntnis, dass er gegen Gott, den Liebhaber, Unrecht hat, gegen ihn, der sehr viel größer, mächtiger, reicher und weiser ist; der Mensch zum anderen muss aber auch erkennen, dass er gegen Gott, den Richter, Unrecht hat, dass er sehr viel größer, mächtiger, reicher und weiser ist. Der Mensch verehrt den Gott, der in seinem Sinn handelt, und verschmäht den Gott, der gegen seinen Sinn handelt – und verliert damit das Erbauliche, das in dem Gedanken liegt, dass wir Gott gegenüber allezeit Unrecht haben.

Das Erbauliche, das in diesem Gedanken liegt, offenbart sich in der Anbetung, in Andacht, in Gottesfurcht: Denn hierin wünscht sich der Mensch das Unrecht-haben-Wollen gegenüber Gott. Aber *wenn du erkennst, daß Gott allezeit Recht hat, stehst du außerhalb Gottes, und ebenso denn auch, wenn du als eine Folge hiervon erkennst, daß du allezeit Unrecht hast.*[118] Dem Pfarrer geht es nicht um die Erkenntnis, gegenüber Gott Unrecht zu haben – das ist eine Erkenntnis, die deprimiert und nicht erbaut, die die Nichtigkeit seiner Möglichkeiten aufweist und keine Notwendigkeit enthält. Doch der Wille, Unrecht zu haben, erbaut inso-

---

[116] E/O II, S. 370 (SKS 3, 326).
[117] E/O II, S. 371 (SKS 3, 327).
[118] E/O II, S. 373 (SKS 3, 329).

fern, dass er qua Wille notwendig auf das Unrecht-Haben hinweist –
und somit auch auf den, der mir gegenüber Recht hat: Gott, und den ich
in meinem Wunsch, Unrecht zu haben, anbete, ihm andächtig bin und
im Gottesdienst verehre.

Indem man in diesem unendlichem Verhältnis zu Gott den Widerspruch, der sich im Unrecht-haben-Wollen zeigt, auflöst, löst sich auch
der Zweifel:

> [...] denn des Zweifels Bewegung hat ja eben darin gelegen, daß der
> Mensch in dem einen Augenblick Recht haben sollte, in dem andern Augen-
> blick Unrecht, in gewissem Maße Recht haben sollte, in gewissem Maße Un-
> recht, und daß dies sein Verhältnis sein Verhältnis zu Gott kennzeichnen
> sollte; solch ein Verhältnis zu Gott ist aber kein Verhältnis, und dies ist es,
> was den Zweifel genährt. Im Verhältnis eines Menschen zu einem anderen
> Menschen wäre es freilich möglich, daß er teils Unrecht hätte, teils Recht, in
> gewissem Maße Unrecht, in gewissem Maße Recht, sintemal er selbst und je-
> der andre Mensch eine Endlichkeit ist und ihr Verhältnis zueinander ein end-
> liches Verhältnis, welches in einem Mehr und Minder liegt.[119]

Doch das Verhältnis Gottes zum Menschen ist eben dies, dass die
Unendlichkeit in die Endlichkeit eindringt und dass der Mensch auf
diese Weise mehr tut, als er kann; er hat ein unendliches Potential in
sich. Es ist das Potential, *daß Gottes Liebe allezeit großer ist als unsre
Liebe*[120]: *Denn ich bin gewiß, daß weder Tod noch Leben, weder Engel noch
Mächte noch Gewalten, weder Gegenwärtiges noch Zukünftiges, weder Hohes
noch Tiefes noch eine andere Kreatur uns scheiden kann von der Liebe Gottes,
die in Christus Jesus ist, unserm Herrn.* (Römer 8,38f.)

Claudia Welz fasst es folgendermaßen zusammen: „Das ‚Ultimatum' zeigt, wie der Mensch durch seine Freiheit verpflichtet
ist – dazu, sich zu entscheiden und für die Konsequenzen einer
lebensbestimmenden Wahl einzustehen. Anstatt die Schuld auf
andere zu schieben, und sei's auf den Schöpfer selbst,will die
Predigt ihren Leser dazubewegen, sie auf sich zu nehmen. Wer
dies tut und sich der Gottesfrage betend nähert,wird vom Theo-
dizeeproblem nicht in gleichemMaße gepeinigt wie einer, der
sich im Recht wähnt, aber an Gott irre wird."[121]

---

[119] E/O II, S. 375 (SKS 3, 330f.).
[120] E/O II, S. 375 (SKS 3, 331).
[121] Welz, S. 255.

Am Ende seiner Predigt stellt der Pfarrer abschließend eine Frage: [...] *wünschest du etwa, könntest du wünschen, daß es sich anders verhalte?*[122] Also dass man Recht hätte gegenüber Gott – ein Gedanke, der den Pfarrer zu folgendem Schlussappell anregt:

> *Vielleicht hat meine Sprache nicht genug Kraft und Innigkeit, vielleicht kann meine Stimme nicht eindringen in dein allerinnerstes Denken, aber o, frage du dich selbst, frage dich mit jener feierlichen Ungewißheit, mit der du dich an einen Menschen wenden würdest, von dem du wüßtest, er könne mit einem einzigen Wort über deines Lebens Glück entscheiden, frage dich noch ernstlicher; denn es geht um Leben und Seligkeit. Halte deiner Seele Flug nicht an, betrübe nicht das Bessere in dir, ermatte deinen Geist nicht mit halben Wünschen, und halben Gedanken. Frage dich, und lasse nicht ab zu fragen, bis du die Antwort findest; denn man kann eine Sache zu vielen Malen erkannt, sie anerkannt haben, man kann eine Sache zu vielen Malen gewollt, sie versucht haben, und dennoch, erst die tiefe innere Bewegtheit, erst des Herzens unbeschreibliche Berührung, erst sie macht dich gewiß, daß das, was du erkannt, dein eigen ist, daß keine Gewalt vermag, es dir zu nehmen; denn allein die Wahrheit, die da erbaut, ist für dich Wahrheit.*[123]

Mit diesen Worten endet die Predigt des Pfarrers in dem ersten ästhetischen Werk Kierkegaards – in dem Werk, in dem es immer um das Verhältnis Endlichkeit – Unendlichkeit, Recht – Unrecht geht. Somit findet sich im *Ultimatum* eine unmittelbare Mitteilung, die durch die verschachtelte Verfasserschaft (Kierkegaard – Victor Eremita – B – jütländischer Pfarrer) wieder mittelbar und indirekt gemacht wird – analog zur indirekten Mitteilung, die Kierkegaard im *Gesichtspunkt* für seine ästhetische Schriftstellerei vorstellt.

---

[122] E/O II, S. 376 (SKS 3, 332).
[123] E/O II, S. 377 (SKS 3, 332).

IV.

Die Aufhebung: Der Glaube

1. Die Wahrheit als Subjektivität

„Man kann Wahrheit nicht w i s s e n , sondern man kann nur in der Wahrheit s e i n ."[124] Für Kierkegaard ist Wahrheit kein objektives Wissen, das man einmal angenommen und dann verstanden hat. Die Wahrheit existiert als Wahrheit freilich nur für den, der zu ihr qua Subjekt ein Verhältnis eingeht. „Und man ist in der Wahrheit oder aber in der Unwahrheit, je nachdem man gut oder schlecht mit der Wahrheit umgeht und diese damit entweder die Wahrheit für mich sein läßt oder aber sie als Wahrheit verdirbt."[125]

Derjenige, der die Wahrheit als Wahrheit verdirbt, steht außerhalb von ihr. „His attention is turned away from himself and toward a certain object [...], which he attempts to understand."[126] In diesem Falle wäre die Wahrheit objektiv, und sie beträfe nicht das Individuum, das sich mit ihr beschäftigt; es würde in Kontemplation versinken. In der Postulierung einer objektiven Wahrheit wird die Identität von Denken und Sein angestrebt. Doch: Diese Identität „ist nur dort möglich, wo das Sein ein abstraktes Sein ist",[127] wo der Seinsbegriff losgelöst ist von der Existenz, von der Persönlichkeit, von dem Individuum, das im Sein ist. Denn das Sein, das konkrete Sein geht in jedem Fall über das Denken hinaus; es lässt Fragen, Probleme, Möglichkeiten offen, zu denen das Denken keinen Bezug findet. In dieser Betrachtung der Wahrheit steht die Wahrheit als Objekt dem Betrachtenden gegenüber, und nicht das Verhältnis, das der Betrachtende zu der Wahrheit einnimmt. Im subjektiven Wahrheitsverständnis hingegen sieht der Betrachtende zum einen die Wahrheit als Objekt, als Abstraktion, zum anderen aber auch sich selbst als Subjekt, der zu diesem Objekt ein Verhältnis eingeht. In die subjektive Betrachtung der Wahrheit fällt das, was gesucht wird, und ebenfalls der, der sucht. Und hier muss der Suchende, der Betrachtende erkennen, dass eine Diskrepanz zwischen ihm qua Subjekt und der Wahrheit qua Objekt besteht: „Er sieht die Nichtübereinstimmung, er

---

[124] Diehm, S. 7.
[125] Diehm, S. 7.
[126] Taylor, S. 38.
[127] Schulz, S. 313.

sieht, daß er das Objektive nie erreicht, und aus keinem anderen Grunde, als weil er als subjektives, das heißt [...] als empirisches Wesen, nie zum Objektiven, das heißt zum Absoluten und Unendlichen, kommen kann."[128] Kierkegaard sieht, dass der Mensch in der Wahrheit ist bzw. sein kann, das heißt zu ihr in einem Verhältnis steht bzw. stehen kann, und daher ruft er den Menschen in die Verantwortung mit der Wahrheit, er konfrontiert ihn mit ihr. Er sieht die Situation von Angesicht zu Angesicht – hier Mensch, da Wahrheit. Doch ist das Sein des Menschen kein absolutes, wohl aber das der Wahrheit; und folglich ist es dem Menschen versagt, sie zu erkennen, sie zu wissen, sie empirisch nachprüfen zu können. Der Mensch ist endlich, ist begrenzt – die Wahrheit unendlich, grenzenlos.

2. Die Utopie des Glaubens

Der Zugang zur Wahrheit findet sich im Glauben: Im Glauben an das, was im biblischen Verständnis Gnade und Barmherzigkeit ist. Gott, die Wahrheit, hat sich als Mensch (Jesus Christus) auf der Erde gezeigt, hat sich selbst als Mensch Jesus eingeschränkt in seinen Möglichkeiten, er hat sich konkretisiert: Die Unendlichkeit kam in die Endlichkeit, die Unendlichkeit hat sich der Endlichkeit offenbart. Warum? Weil Gott ein Interesse an der Unendlichkeit des endlichen Menschen hat, weil er Interesse an dem Menschen hat, der seit der Vertreibung aus dem Paradies in seiner Endlichkeit gefangen war und auch viel defür tat, darin gefangen zu bleiben. Trotzdem: *Und das Wort ward Fleisch* (Johannes 1,14), trotzdem: Gott liebt den Menschen. Gott als Mensch Jesus lebt ein sündenfreies Leben, und trotzdem wurde ihm die härteste damalige Strafe, die Kreuzigung, zuteil, womit er die Sünden aller Menschen auf sich lud und mit sich in den Tod riss. Jesus war tot und trotzdem: Drei Tage nach seinem Tod stand er wieder auf von den Toten und lebte trotzdem, womit er trotz der Sünden der Menschen, trotz der selbstverschuldeten Trennung von Gott die Vergebung gewährt. Der Glaube, das Trotzdem zeigt, dass der Mensch mehr tut, als er kann. Er ist zur Unendlichkeit berufen, indem die Unendlichkeit

---

[128] Schulz, S. 314.

ihn ruft. *Der Gläubige [...] spricht: ich erwarte Sieg.*[129] Sieg gegenüber dem, was den Menschen im Kampf, in der Verzweiflung des Lebens darniederreißt: Sieg gegenüber der Endlichkeit, die als Einzige dem Menschen Kummer, Sorgen und Not macht. *Nur eins ist Not, und der Glaube erwartet Sieg.*[130]

Doch dieser Sieg ist gewiss im Glauben. Im Glauben, das heißt: im Vertrauen. Im Vertrauen darauf, dass der Sieg in der Vergangenheit gesiegt hat, in der Gegenwart siegt und vor allem in der Zukunft siegen wird. Doch Wahrheit, die diesen Sieg gewährt, ist nichts, was explizit gewusst, geschweige denn explizit artikuliert werden kann. Die Beschäftigung mit der Wahrheit ist eine Näherung, in der sie nie erreicht werden kann. Im Glauben wird sie erreicht werden. Somit ist der Glaube ein Werden, das jedoch nur im Sein Bestand hat – denn die Wahrheit als Subjektivität lässt den nach ihr Suchenden zu als sich Nähernden, aber de facto sie nie Erreichenden – aber das Verhältnis, das das Individuum damit in Wirklichkeit eingeht, ist ein seiendes Verhältnis und betrifft den Suchenden im Sein.

Als Schriftsteller kann Kierkegaard nur auf die Näherung, auf den Suchenden hinweisen und damit Hinweise geben, die den ebenfalls Suchenden und Lesenden vor Entscheidungen stellen und von ihm Urteil fordern. Als Schriftsteller kann Kierkegaard soviel Aufmerksamkeit erregen, die dann ihrerseits wieder auf den Glauben, auf das paradoxe Verhältnis zwischen Unendlichkeit und Endlichkeit verweisen. Das tut er, indem er die ästhetische und die religiöse Schriftstellerei antithetisch gegenüberstellt: das Ästhetische, die Endlichkeit, fragt, sucht, forscht – und pendelt zwischen den Möglichkeiten, die sich allesamt als nichtig erweisen. Das Religiöse beschreibt die Notwendigkeit des Unendlichen, beschreibt aber damit das, was weder Kierkegaard noch sonst ein Mensch fassen und erfassen kann – nämlich Gott. Er predigt das Unmögliche, nämlich die Identität mit Gott. Doch ihm ist diese Unmöglichkeit bewusst und er stellt sie der ästhetischen Schriftstellerei nebenan. Mit der religiösen Schriftstellerei handelt er in gleicher Weise wie jeder andere Pfarrer, gegen die sich Kierkegaard so oft wehrt. In seiner Erzählung *Die zahme Gans, eine erweckliche Betrachtung* heißt es:

> *Stell dir vor, die Gänse könnten sprechen – dann hätten sie es so eingerichtet, daß sie auch ihren Gottesdienst hätten, ihre Gottesanbetung.*
> *Jeden Sonntag kämen sie zusammen, und ein Gänserich predigte.*
> *Der wesentliche Inhalt der Predigt wäre: welch hohe Bestimmung die Gans habe, zu welch hohem Ziel der Schöpfer – und jedesmal, da dies Wort*

---

[129] 2ER, S. 398 (SKS 5, 30).
[130] 2ER, S. 399 (SKS 5, 30).

genannt würde, knicksten alle Gänse und alle Gänseriche dienerten – die Gans bestimmt habe; mit Hilfe der Flügel könnten sie fortfliegen zu fernen Gegenden, seligen Gefilden, wo sie eigentliche ihre Heimat hätten, denn hier seien sie bloß als Fremdlinge.

Und so jeden Sonntag. Und darauf trennt die Versammlung sich, jede watschelte heim zum eigenen Herd. Und dann wieder am nächsten Sonntag zum Gottesdienst und dann wieder heim – dabei bliebe es, sie gediehen und würden fett, drall und delikat – und dann würden sie am Martinstag verspeist – dabei bliebe es. Dabei blieb es. Denn während die Predigt am Sonntag so feierlich lautete, wußten die Gänse am Montag einander zu erzählen, wie es einer Gans ergangen sei, die Ernst habe machen wollen mit Hilfe der Flügel, die der Schöpfer ihr gegeben habe, bestimmt zu dem hohen Ziel, das ihr gesetzt sei, wie es ihr ergangen sei, welche Schrecknisse sie habe erdulden müssen. Davon wußten die Gänse klüglich untereinander. Aber natürlich, am Sonntag darüber zu sprechen, das wäre ja unpassend; denn, sagten sie, dann würde ja offenbar, daß unser Gottesdienst eigentlich heiße, Gott und uns selbst zum Narren zu halten.

Auch fanden sich unter den Gänsen einige einzelne, die leidend aussahen, mager wurden. Von ihnen hieß es unter den Gänsen: da sieht man, wohin es führt, wenn man mit dem Fliegen-Wollen Ernst macht. Denn weil sie sich in ihrem stillen Sinn mit dem Gedanken, fliegen zu wollen, beschäftigen, deshalb werden sie mager, gedeihen nicht, haben Gottes Gnade nicht, wie wir sie haben und deshalb drall, fett, delikat werden, denn von Gottes Gnade wird man drall, fett, delikat.

Und am nächsten Sonntag gingen sie dann wieder zum Gottesdienst, und der alte Gänserich predigte von dem hohen Ziel, wozu der Schöpfer (hier knicksten die Gänse, und die Gänseriche dienerten) die Gans bestimmt habe, wozu die Flügel bestimmt seien.

Ebenso mit dem Gottesdienst der Christenheit. Auch der Mensch hat Flügel, er hat die Phantasie. Ihre Bestimmung ist, daß er sich wirklich mit ihrer Hilfe erheben soll – aber wir tun, als ob die Phantasie sich in einer stillen Stunde an einer Sonntags-Schwärmerei ergötzen solle, und bleiben dann im übrigen, wo wir sind, und halten dann am Montag das drall, fett, delikat Werden, das Bauchspeck-Ansetzen, dh. das Geldsammeln, das in der Welt zu etwas Werden, das Zeugen vieler Kinder, das Glückhaben usw., das halten wir für den Beweis der Gnade Gottes. Und die, welche sich wirklich mit Gott einlassen, und die deshalb – anders kann es nicht sein und anders ist es auch nicht nach dem neuen Testament – leidend werden, bekümmert aussehen, Plage und Mühe und Gram erdulden – von denen sagen wir, man sehe daran, daß sie Gottes Gnade nicht haben.

Und wenn nun jemand dies liest, dann sagt er: das ist hübsch – und dann bleibt es dabei, dann watschelt er heim zum eigenen Herd, bleibt drall, fett, delikat, oder strebt doch mit aller Gewalt danach, es zu werden – aber am Sonntag predigt dann der Pfarrer, und er hört zu ganz wie die Gänse.[131]

---

[131] T 5, S. 394f. (SKS 26, 385f.).

Der Mensch ist zu Höherem berufen, er hat die Notwendigkeit, seine Flügel zu erheben und in das verheißene Land zu fliegen - denn hier ist er nur ein Fremder. Jeden Sonntag wird dies gepredigt – doch am Montag können sich weder die Kirchgänger noch der Pfarrer an diese Worte erinnern, denn: es fliegt keiner. Und der, der fliegt, wird verlacht. Ein solches Christentum, wie Kierkegaard es hier zeichnet, ist ein passives und bewusstloses, es ist ein aufgesetztes Christentum, das das Individuum träge und ästhetisch in Kierkegaards Sinn macht. Trotz allem ist eine solche Darstellung der Unmöglichkeit, wie der Gänse-Pfarrer sie in dieser Erzählung gibt und wie auch Kierkegaard sie in seinen religiösen Schriften gibt, wichtig; denn ohne sie wäre die Dialektik, die auf das Christ Werden hinweist, nichtig. Der ästhetischen Schriftstellerei als These fehlte die Antithese der religiösen Schriftstellerei.

Doch was ist das, auf das Kierkegaard hinweisen will? Es ist weder die Endlichkeit noch die Unendlichkeit in Reinform, weder Ästhetisches noch Religiöses für sich genommen haben Bestand. Es ist aber auch nicht die Reflexion zwischen beidem, die den Kompromiss sucht: der Ethiker begeht diesen Fehler, indem er Gleichgewichte herstellen will zwischen dem Ästhetizismus des A und der Religiosität des jütländischen Pfarrers. Jeder, der den Kompromiss sucht, muss erkennen, dass es einen solchen Kompromiss zwischen Endlichkeit und Unendlichkeit, zwischen Möglichkeit und Unmöglichkeit nicht geben kann; jeder, der diesen Kompromiss sucht, wird verzweifeln an seiner Existenz. Das, worauf Kierkegaard vielmehr hinweist, ist die Aufhebung von These und Antithese, die beide Pole aufhebt, also für nichtig erklärt, und zugleich aufhebt, also auf eine höhere Stufe stelle. Und das ist in Kierkegaards Verständnis ein Paradox, dessen Spannung es aufzuhalten gilt. Ein Paradox, das spannend ist, und zugleich erhebend.

Wir sehen jetzt durch einen Spiegel ein dunkles Bild; dann aber von Ange-sicht zu Angesicht. Jetzt erkenne ich stückweise; dann aber werde ich erkennen, wie ich erkannt bin. (1. Korinther 13,12) Das sind die Worte Pauli für das, was die Wirksamkeit Kierkegaards ausmacht: Das dunkle Bild, das Pau-lus sieht, sind die Antipole, bestehend aus der These Ästhetisches und der Antithese Religiöses, auf die Kierkegaard in seinem Werk direkt hinweisen kann. Versucht man, die Synthese der beiden, deren Aufhe-bung zu bekommen, schaut man wie in einen Spiegel. Doch trotz allem sieht man ein dunkles Bild, und Kierkegaard ist sich dessen bewusst, dass er trotz der Reflexion im Spiegel nicht mehr sieht, nicht mehr er-kennt als Victor Eremita, der Herausgeber von *Entweder / Oder*, oder als Søren Kierkegaard, der Herausgeber der *Zwei erbaulichen Reden*: Sie beide können nur Stückwerk erkennen. Kierkegaard, als Existenz geprägt von Biographie und Werk, versucht, als diese Existenz indirekt darauf hinzuweisen, dass er nicht fassen kann, weil es nicht zu fassen ist: Gott. Und da der Verfasser der *Erbaulichen Reden* dies ebensowenig vermag wie Victor Eremita oder Kierkegaard als Existenz, kann man durchaus sagen, dass nicht nur die ästhetischen Schriften unter Pseudonym herausgegeben wurden, sondem ebenso die religiösen: nämlich unter dem Pseudonym Søren Kierkegaard. Sein Bruder, Peter Christian Kierkegaard, schrieb: *One might almost be tempted to think that even what was signed ,S. K.' might not for certain be his final words, but only a point of view.*[132] Ebenso klar ist, dass *Der Gesichtspunkt für meine Wirksamkeit als Schriftsteller* keine *unmittelbare Mitteilung* ist, wie es im Untertitel heißt. Auch hier wird ironisch damit gespielt. Es sind nicht Kierkegaards letzten Worte, sondern es ist – ebenfalls – nur ein Geschichtspunkt. „Die Wahrheit [...], in die der Leser hineingetäuscht wird, diese Wahrheit kann keines der Preudonyme aussprechen, keine der vielfältigen Stimmen im Werk, nicht einmal die erbaulichen Reden. Die Wahrheit ist, das jeder diesen Weg, auf dem Kierkegaard sich als zu dem erzogen wusste, der er dann am Ende war, auf seine Weise selbst gehen muss, und zwar ohne Gewähr. Was bleibt, ist der Anspruch der unbedingten Wahrhaftigkeit, der das Selbstsein zum Selbstwerden prozessualisiert: Für Kierkegaard bedeutet das die Prozessualisierung des Christseins zum Christwerden."[133] Und: Auch bei Kierkegaards biographischen Ausführungen im *Gesichtspunkt* handelt es sich um ein idealisiert gezeichnetes Bild, das den Zweck hat, die Dialektik, die das Werk aufweist, mit der Biographie zu untermauern. Ob nun diese konstruierte und erdichtete Biographie, wie man es hier liest, und die reale von Kierkegaard übereinstimmt, ist eine andere Frage; und in diesem Kontext auch höchst irrelevant.

Der Wahrheit ins Auge blicken kann man also nicht, man sieht jetzt, also vor das Fragmal: Christ werden gestellt nur ein dunkles Wort in einem Spiegel; dann aber, im Christ sein, sieht man die Wahrheit von Angesicht zu Angesicht. Für Kierkegaard ist klar, dass man im Leben immer nur im Streben bleibt, immer im Christ Werden verweilt, niemals auf die Stufe des Christ Seins gelangen kann – das gelingt nur in der (christlichen) Ewigkeit nach dem Tod. Dort werde ich aber erkennen, wie ich schon jetzt erkannt bin: Dort werde ich Gottes Liebe Tun, die Synthesis, erkennen, so wie er mich schon jetzt als Ganzes, als aufgehobene Synthesis, erkennt. Hierin liegt für Kierkegaard Gott. Er ist, obwohl er allgegenwärtig ist, nur indirekt mitteilbar. Er ist nur in der Auf-

---

[132] Zitiert nach: Mackey, S. 160.
[133] Schlette, S. 94f.

hebung von Unendlichkeit und Endlichkeit, im Paradox erkennbar. Und beschreibbar ist Gott analog dazu nur im hermeneutischen Paradox. Es wird auf etwas verwiesen und es soll etwas geglaubt und verstanden werden, was gar nicht explizit im Text bzw. in den Texten steht – etwas, das seinen Ort nicht im Text hat und damit dem griechischen Wortsinn nach utopisch ist. Die Aufhebung, das hermeneutische Paradox vollzieht sich im Glauben, nicht während des Lesens, es vollzieht sich jenseits von Erkenntnis, von Wissenschaftlichkeit, jenseits von Kognition und Emotion. Die Aufhebung hat ihren Ort nicht in dieser Welt, aber sie strahlt indirekt und mittelbar in diese Welt hinein. Die Aufhebung ist eine Utopie; die Utopie der Aufhebung ist das schriftstellerische Gesamtwerk des Søren Kierkegaard – und das Gesamtwerk des schöpferischen Gottes.

V.

System ohne Systemzwang

„Kierkegaard erscheint als das Musterbeispiel eines Philosophierens, das, weil es selbst das System ablehnt, nicht systematisch ausgelegt werden kann und darf. An ihm findet offenbar die Behauptung, daß philosophische Auslegung systematisch sein müsse, ihrer Grenzen."[134] Kierkegaards Denken ist unsystematisch – er kommt in seinem Denken an einen Punkt, wo das Denken nicht weiterdenken kann und somit aufhört. Dieser Punkt, das Paradox, spielt die zentrale Rolle, denn dieser Punkt ist der Sprung, den ein Individuum machen muss, um zu dem zu gelangen, zu was es bestimmt ist. Und dieser Punkt lässt sich nicht denken, dieser Punkt befindet sich jenseits der Systematik – wie kann er dann erreicht werden? In der Systematik des Glaubens, die den Graben, den Bruch innerhalb der Unsystematik wieder zuschüttet. Somit handelt es sich in der Systematik der Welt um eine Systematik ohne Systemzwang. Denn nur die Systematik, die durch den Glauben als eine solche gesehen wird, hat Gültigkeit; *denn allein die Wahrheit, die da erbaut, ist für dich Wahrheit.*[135] Der Glaube ist kein abstraktes Denken, er ist keine Theorie, „he [Kierkegaard, C.K.] was not interested in formulating a general theory of religion in terms of a formal system of beliefs, practices, and regulative principles"; " the focus in religion is or should be on becoming the truth rather than knowing the truth in an objective manner."[136] Dieser Glaube betrifft den Menschen als Existenz, und nicht als Philosoph, nicht als Wissenschaftler. Die Systematik, die sich durch Gott in der Welt zeigt, muss zuerst bezweifelt, hinterfragt, nach ihren Möglichkeiten abgeklopft und dann in ihrer Notwendigkeit geglaubt werden. Will sie gewusst werden, ereilt den Wissen Wollenden das Schicksal, dass er am Zweifeln zweifelt – und er somit verzweifelt.

Jenseits der Topoi dieser Welt existiert der U-topos, an dem der Mensch sein ewiges Leben findet. Im Glauben sieht der Mensch schon jetzt ein Bild dieses U-topos, wenn auch womöglich nur ein dunkles, aber: Er sieht.

---

[134] Schulz, S. 298.
[135] E/O II, S. 377 (SKS 3, 332).
[136] Walsh, S. 5.

VI.

Statt einer Nachrede

.

*Wenn da um einen her alles still geworden, feierlich gleich einer sternen-
klaren Nacht, wenn die Seele allein ist in der ganzen Welt, da zeigt sich vor ihr
nicht ein hervorragender Mensch, sondern die ewige Macht selbst, da tut der
Himmel sich gleichsam auf und das Ich wählt sich selbst, oder richtiger, es empfängt sich selbst. Da hat die Seele das Höchste geschaut, das kein sterblich Auge
zu schauen vermag, und das sie niemals vergessen kann, da empfängt die Persönlichkeit den Ritterschlag, der sie für eine Ewigkeit adelt. Der Mensch wird
nicht ein andrer denn er zuvor gewesen, nein, er wird er selbst; das Bewußtsein
schließt sich zum Ringe, und er ist er selbst. Gleich wie ein Erbe, und wäre er
auch Erbe aller Schätze der Welt, diese gleichwohl nicht besitzt, ehe denn er
mündig geworden, ebenso ist auch der Mensch mit der reichsten Persönlichkeit
ein Nichts, ehe denn er sich selbst gewählt hat, und auf der anderen Seite ist
sogar ein Mensch, den man etwa die dürftigste Persönlichkeit nennen möchte,
alles, wenn er sich selbst gewählt hat; denn das Große ist nicht, dies oder das
zu sein, sondern man selbst zu sein; und das vermag ein jeder Mensch, so er
will.*[137]

---

[137] E/O II, S. 188f. (SKS 3, 173f.).

Literaturverzeichnis

Kierkegaard, Søren: Gesammelte Werke, übersetzt und hg. von Emanuel Hirsch, Hayo Gerdes und Hans Martin Junghans, 36 Abtlg. in 26 Bdn. und Registerbd., Düsseldorf/ Köln 1950-1969.

E/O I:	Entweder / Oder, 1. Teil (1. Abtlg. – 1956)
E/O II:	Entweder / Oder, 2. Teil (2. Abtlg. – 1957)
2ER:	Zwei erbauliche Reden 1843 (3. Abtlg. – 1957)
UN II:	Abschließende unwissenschaftliche Nachschrift zu den Philosophischen Brocken, 2. Teil (16. Abtlg. – 1958)
KzT:	Die Krankheit zum Tode (24. Abtlg. – 1954)
Schriften:	Die Schriften über sich selbst (33. Abtlg. – 1951)
ÜWS:	Über meine Wirksamkeit als Schriftsteller, in: Die Schriften über sich selbst (33. Abtlg. – 1951)
GP:	Der Gesichtspunkt für meine Wirksamkeit als Schriftsteller, in: Die Schriften über sich selbst (33. Abtlg. – 1951)

Kierkegaard, Søren: Gesammelte Werke. Die Tagebücher, übersetzt und hg. von Hayo Gerdes, 5 Bde., Düsseldorf/ Köln 1962-1974. [T]

Søren Kierkegaards Skrifter, hg. vom Søren Kierkegaard Forskningscentret, 55 Bde., Kopenhagen 1997-2012. [SKS]

Cappelørn, Niels Jørgen: Entweder – Oder in der Strategie des Gesamtwerks, in: Søren Kierkegaard, Entweder – Oder, hg. von Hermann Deuser und Markus Kleinert, Berlin / Boston 2017 (Klassiker Auslegen 67), S. 13-37, hier S. 33-37.

Deuser, Hermann / Kleinert, Markus: Einleitung, in: Søren Kierkegaard, Entweder – Oder, hg. von Hermann Deuser und Markus Kleinert, Berlin / Bosten 2017 (Klassiker Auslegen 67), S. 1-11.

Diem, Hermann: Zur Einführung, in: Kierkegaard, Søren: Entweder – Oder. Teil 1 und II, unter Mitwirkung von Nils Thulstrup und der Kopenhagener Kierkegaard-Gesellschaft hg. von Hermann Diem und Walter Rest, übersetzt von Heinrich Fauteck, München ²1993, S. 7f.

Dietz, Walter: Søren Kierkegaard. Existenz und Freiheit, Frankfurt a.M. 1993.

Fauteck, Heinrich: Art. Synspunktet for min Författer-Virksomhed. En Ligefrem Meddelelse, Rapport til Historien, in: Kindlers Neues Literatur Lexikon, hg. von Walter Jens, Bd. 9, München 1990, S. 364f.

Fenger, Henning: Kierkegaard, the myths and their origins. Studies in the Kierkegaardian Papers and Letters, translated from the Danish by George C. Schoolfield, New Haven / London 1980.

Figal, Günter: Søren Kierkegaard, in: Niewöhner, Friedrich (Hg.): Klassiker der Religionsphilosophie. Von Platon bis Kierkegaard, München 1995, S. 319-331.

Garff, Joakim: Sören Kierkegaard. Biographie, aus dem Dänischen von Herbert Zeichner und Hermann Schmid, München 2005.

Greve, Wilfried: Künstler versus Bürger. Kierkegaards Schrift „Entweder / Oder", in: Splett, Jörg / Fröhnhofen, Herbert (Hg.): „Entweder – oder". Herausgefordert durch Kierkegaard, Frankfurt a.M. 1988, S. 38-62.

Liessmann, Konrad Paul: Kierkegaard zur Einführung. Hamburg 1993.

Mackey, Louis: Points of view. Readings of Kierkegaard, Tallahassee 1986.

Rohde, Peter P.: Sören Kierkegaard in Selbstzeugnissen und Bilddokumenten, Hamburg 1959.

Schlette, Magnus: Wahrhaftigkeit zwischen Offenbarung und Verbergung. *Entweder – Oder* im Lichte von Kierkegaards ‚Gesichtspunkt' – und umgekehrt, in: Sokratische Ortlosigkeit. Kierkegaards Idee des religiösen Schriftstellers, hg. von Hermann Deuser und Markus Kleinert, Freiburg i.Br. / München 2019, S. 82-95.

Schulz, Walter: Sören Kierkegaard. Existenz und System, in: Schrey, Heinz-Horst (Hg.): Sören Kierkegaard, Darmstadt 1971, S. 297-323.

Søren Kierkegaard, Entweder – Oder, hg. von Hermann Deusert und Markus Kleinert, Berlin / Bosten 2017 (Klassiker Auslegen 67).

Taylor, Marc C.: Kierkegaard's pseudonymous authorship. A study of time and the self, Princeton 1975.

Vetter, Helmuth: Einen Menschen finden. Zu Leben und Werk Søren Kierkegaards, in: Splett, Jörg / Fröhnhofen, Herbert (Hg.): „Entweder – oder". Herausgefordert durch Kierkegaard, Frankfurt a.M. 1988, S. 13-37.

Walsh, Sylvia: Kierkegaard and Religion. Personality, Character, and Virtue, Camebridge 2018.

Weischedel, Wilhelm: Kierkegaard oder Der Spion Gottes, in: ders.: Die philosophische Hintertreppe. 34 große Philosophen in Alltag und Denken, München [23]1993, S. 230-237.

Welz, Claudia: Ultimatum: Gottesfrage, Gebet und Ethik angesichts des Theodizeeproblems, in: Søren Kierkegaard, Entweder – Oder, hg. von Hermann Deusert und Markus Kleinert, Berlin / Bosten 2017 (Klassiker Auslegen 67), S. 247-265.